Hayvancılık Faaliyetlerinin Finansmanı

Hayvancılık Faaliyetlerinin Finansmanı
Hüseyin Serdar YALÇINKAYA
ISBN: 978-605-9336-86-4

İkinci Baskı: Kriter Yayınevi 2020 / İSTANBUL
Yayınevi Sertifika No: 11413
İkinci Baskı, 142 s. 16 cm x 23,5 cm
Kaynaklar var, Dizin var.
Yayın Yönetmeni: Numan ERGÜL
Kapak Tasarımı: Ahmed BARAN
Mizanpaj: Kriter Yayınevi

Baskı: Birlik Fotokopi Baskı Ozalit ve Büro Malzemeleri San. ve Tic. Ltd. Şti. Yıldız Mah. Çırağan Cad. No: 51 Nolu Mağaza Beşiktaş/ İSTANBUL
Matbaa Sertifika No: 20179

İletişim:
Kriter Yayınevi
Hobyar Mah. Ankara Cad. Güncer Han No: 17 Daire 306
Fatih / İSTANBUL
Tel: 0 212 527 31 89
info@kriteryayinevi.com
www.kriteryayinevi.com

Hayvancılık

Faaliyetlerinin Finansmanı

Hüseyin Serdar YALÇINKAYA

2. Baskı

İstanbul – 2020

KRİTER

Sevgili Aileme

Önsöz

Hazırlanan bu kitabın öncelikli amacı; hayvancılık faaliyetlerinin finansal yönetimi konusunda yetersiz olan literatür yapısına katkı sağlamaktır. Ayrıca hayvancılık faaliyetlerinin daha çok küçük aile işletmeleri olmasından dolayı finansal bilgisi yetersiz olan kişilere yardımcı olmaktır. Belirlenen bu amaçlara bağlı olarak kitap yazım dili mümkün olduğunca basit tutulmaya çalışılmıştır. Anlatılan konular basit örneklerle açıklanarak, konuların daha anlaşılır olmasına gayret edilmiştir.

Çalışma üç bölümden olacak şekilde hazırlanmıştır. Birinci bölümde finansal yönetimin temel konuları basit örneklemelerle açıklanmaya çalışılmıştır.

İkinci bölümde hayvancılık faaliyetlerinin temelini oluşturan tarımsal faaliyetlerinin muhasebe ve finansal yapısı açıklanmıştır.

Üçüncü bölümde ise hayvancılık faaliyetlerinin finansmanında önemli görülen konular ele alınmış ve bu konular küçük örneklerle desteklenmiştir. Ayrıca üçüncü bölümün içinde hayvancılık faaliyetlerinin maruz kaldığı riskler tespit edilmeye çalışılmış ve tespit edilen risklerin yönetilebilmesi için çözüm önerileri oluşturulmuştur.

Gıda arz güvenliğimiz için çok önemli olan hayvancılık faaliyetlerinin finansal yönetimine sağlanacak katkının, tüm ülkenin çıkarına katkı sağlayacağı düşüncesi ile hazırlanan bu kitap umarız ki amacına ulaşır.

İÇİNDEKİLER

TABLOLAR LİSTESİ

TABLOLAR LİSTESİ

GRAFİKLER LİSTESİ

I. Bölüm

Finansal Yönetim

Firmalar veya kişiler hayatlarını devam ettirebilmek için para kazanmakta, bu paraları harcamakta veya ihtiyaçları karşılayabilmek için borç bulup, bu borçları geri ödemektedirler. Bu para sirkülasyonu içerisinde karar verici kişilerin verdiği kararların ne kadar doğru kararlar olduğu ya da olmadığı fon sahipleri açısından önemli bir sorundur. İşte bu noktada finans ve finansal yönetimin önemi ortaya çıkmaktadır. Finans; para yönetim sanatı olarak tanımlanmaktadır (Okka, 2009; 4). Para yönetiminde sadece harcamalar bulunmamaktadır, aynı zamanda gelirlerin yönetimi de harcamaların yönetimi kadar önem taşımaktadır. Firmaların genel amaçları incelendiğinde en önemli amaçlarının kar elde etmek olduğu bilinmektedir (Şimşek, 2000; ?). Gerçek kişiler için de bu amaç geçerliliğini korumaktadır. Ancak muhasebe anlamındaki karlılık anlayışı günümüzde paranın kendi özelliklerine bağlı olarak değişmiştir. Muhasebe açısından nakit giriş ve çıkışlarının zamanlamasının bir önemi bulunmamaktadır. Önemli olan nakit giriş ve çıkışları arasında oluşan olumlu ya da olumsuz farktır. Ancak paranın üzerinde enflasyon, alternatif maliyet ve diğer riskler vardır ve bu riskler zamana bağlı olarak farklılık göstermektedirler. Ayrıca kar kavramı içerisinde oldukça farklı kar hesaplaması mevcut olup yatırımcı ya da yönetici açısından kıyaslanabilir verilerin karmaşıklığı da artmaktadır. Bu olumsuzluklar karşısında paranın zaman değerini ve farklı kavram karmaşasını ortadan kaldıran değer (toplam servet) kavramı ortaya çıkmıştır. Modern finans teorisinde firmaların temel finansal amacı; firma değerini ya da kişilerin sahip oldukları servet toplamının maksimize edilmesi olarak tanımlanmaktadır (Ercan ve Ban, 2005; 14).

1.1. Finansman Süreci

İşletmelerin ya da gerçek kişilerin para (bundan sonra **fon** olarak tanımlanacaktır) ile ilişkili olan karar süreçlerinde amaç, firma değerinin arttırılması olarak kabul edilmiştir. Bu amaç doğrultusunda fon giriş ve çıkışlarının sistematik bir yapıya bağlı olarak yönetilmesi gerekliliği ortaya çıkmaktadır. Geçmişten günümüze fon yönetiminde elde edilen tecrübelere bağlı olarak ortaya çıkan finansal olayların; analiz edilmesi, tespit edilen sorunların çözümü için finansal planların hazırlanması, gerekli fonların temin edilmesi, fonların yatırılması ve bu sürecin denetlenmesi gerekliliği şeklinde bir finansal yönetim süreci oluşmuştur (Ceylan, 2000; 9). Finansal yönetimin bu önemli süreçlerinin daha açık bir şekilde açıklanması gerekmektedir.

1.1.1. Finansal Analiz

Finansal planların oluşturulabilmesi için mevcut durumda sahip olunan finansal yapının iyi etüt edilmesi gerekmektedir. Finansal yöneticinin analitik bir karar alabilmesi için elinde yine analitik verilerin bulunması gerekmektedir. Bu verilerin temininde oran analizleri, karşılaştırmalı mali tablo analizleri, nakit analizleri gibi birçok finansal analiz yöntemleri kullanılmaktadır (Akgüç, 1994; 17). Sağlıklı finansal karaların alınmasında finansal analizlerin önemi kadar finansal kayıtların doğruluğu da önemlidir. Çeşitli nedenlerle gerçek dışı muhasebe kayıtları öncelikle doğru finansal analizi, sonrasında ise sağlıklı finansal planlamayı engellemektedir. Buna bağlı olarak doğru muhasebe kaydı tutmanın önemi burada kendisini göstermektedir.

1.1.2. Finansal Planlama

Planlama faaliyeti geçmiş veya şimdiki zaman için yapılmamaktadır. Planlama tamamen gelecek zaman dilimi için gerçekleştirilen bir faaliyetlerdir. Gelecek ise içerisinde birçok risk ve belirsizliği barındırır. Bu riskler ve belirsizlikler ise firmaların amaçlarına ulaşmak için yönetilmesi gereken en önemli unsurlardır. Gelecekte karşılaşılacak finansal problemlerin tahmini ve bu problemlerin çözümü için firmalar nakit bütçesi, tahmini bilanço, tahmini gelir tablosu ve çeşitli fizibilite raporları hazırlamaktadırlar (Ceylan, 2000; 10). Geleceğin tam olarak bilinmesi mümkün değildir. Ancak uygun analiz teknikleri ile gelecek planlanabilir. Planların hazırlanmasında finansal yöneticinin finansal analiz tekniklerine hakimiyeti, analitik düşünme yeteneği ve tecrübesi oldukça önemlidir. Gerçekleştirilecek doğru finansal planlamalar, firmanın ya da kişilerin temel amaçları olan değer maksimizasyonuna ulaşmasını sağlayacaktır.

1.1.3. Fonların Temini

Finansman kavramı denildiğinde birçok kişi tarafından en çok bilinen finansman fonksiyonu, fon teminidir. Çünkü fon kaynaklarının kendisi ve bu kaynakların maliyetleri finansal çevrede en çok bulunan bilgiler arasında yer alır.

Finansal planlaması gerçekleştirilmiş kararların uygulanmasında kullanılacak fon kaynağı ve bu fonların maliyeti firma değerini doğrudan etkileyecektir. Bu açıdan finansal yönetici, aldığı yatırım kararlarını uygularken hangi fonu ne zaman ve ne miktarda kullanması gerekliliğini bilmesi açısından fon kaynaklarını doğru etüt etmelidir.

1.1.4. Fonların Yatırıma Dönüştürülmesi ve Denetim

Finansal planlama aşamasında, tespit edilen duran varlık yatırımlarında karar süreçlerinin uzunluğu ve elde edilen verilerin derinliğinin yüksek olmasına bağlı olarak karar almak daha kolaydır. Ancak dönen varlık yatırım fırsatları hızlı bir şekilde değişkenlik gösterebilmektedir. Yatırım araçlarının bu yüksek değişkenliklerine bağlı olarak finansal yöneticinin, finansal yatırım araçlarının getiri ve risklerini yakından takip etmesi gerekmektedir (Van Horne, 1971; 4). Hazır değerlerin (nakit ve nakit benzeri varlıklar), yatırım kararlarının riskleri kadar; yatırım yapmama karaları da alternatif maliyetlere bağlı olarak risk içermektedir (Okka, 2006; 89). Yatırıma yönlendirilmemiş her bir fonun kazanca dönüşmemesi sonucunda istenilen değer artışı sağlanamayacaktır (Ercan, Öztürk ve Demirgüneş, 2003; 21).

Finansal yatırım kararları kadar bu kararların verimliliklerinin takip edilmesi ve geçmiş operasyonlardan elde edilen tecrübenin sonraki yatırım kararlarına aktarılması, yatırım kararlarının denetlenmesi için de önemli bir finansal fonksiyondur. Özellikle firmaların karşılaşabilecekleri asimetrik bilgi problemlerine bağlı olarak finansman departmanının denetimi oldukça önemlidir (Üreten ve Ercan, 2000; 42).

1.2. Finansal Çevre

Gerçek kişilerin veya firmaların sahip oldukları değer artışı adına gerçekleştirdikleri fon transferleri finansal işlemlerin temelini oluşturduğu daha önceden belirtilmiştir. Bu fon transferlerinin gerçekleşebilmesi için finansal bir zemine, yani finansal piyasaların oluşmasına ihtiyaç vardır. Finansal piyasalar, fon fazlası olanlar ile fon yoksunu olanlar arasında oluşan piyasalardır. Ancak fon fazlası olan taraflar ile fon yoksunu taraflar birbirleri ile çoğunlukla doğrudan temas kuramazlar ve çeşitli finansal aracı kurumlara ihtiyaç duyarlar. Tasarruf sahipleri ile fon ihtiyacı olanları dolaylı ya da dolaysız bir araya getiren kurumlara finansal aracı kurumlar denilmektedir (Okka, 2006: 9). Finansal aracı kurumlar Şekil 1'de görüldüğü gibi topladıkları fonları çeşitli finansal ürünler olarak tekrar ekonomiye aktararak ekonominin büyümesine katkı sağlamaktadırlar.

Şekil 1: Finans Piyasaları Çalışma Sistematiği

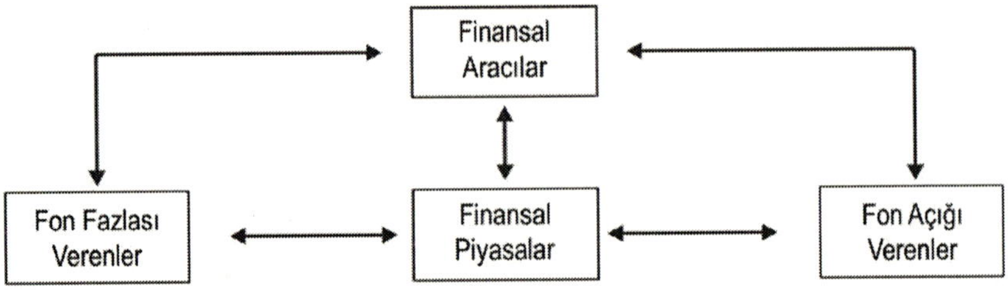

Kaynak: Coşkun, 2008: 5

Finansal piyasaların genel ekonomiye olan etkisi bu şekilde açıklanırken aynı zamanda tam tersi yönde, ekonomik büyümenin finansal piyasaları etkilediği yönünde düşünceler de mevcuttur (Sever ve Han, 2015: 1).

Finansal piyasaların içerisinde fon fazlası verenler ve fon yoksunluğu yaşayanlar hukuki açıdan gerçek kişi ya da tüzel kişi (firma) olabilirler. Aynı zamanda bu iki unsurun dışında devlet de bulunmaktadır. Devlet finans piyasalar içerisinde farklı roller üstlenebilmektedir; bir yandan fon yoksunluğuna bağlı olarak piyasadan fon talep edebilirken, diğer yandan finansal piyasalara fon sağlayabilirler. Devlet, kanun koyucu özelliği doğrultusunda finansal piyasaları düzenleme ve denetleme yetkisine sahiptir. Ayrıca devletin kamu görevlerini yerine getirmek için talep ettiği vergiler de finansal piyasaları etkilemektedir. Son olarak finansal piyasalar içerisinde finansal aracı kuruluşlar bulunmaktadır. Bu kuruluşlar devletten aldıkları izne bağlı olarak fon fazlası verenlerle fon yoksunu tarafları bir araya getiren bankalar, leasing, faktöring, borsalar gibi kuruluşlardır.

1.3. Paranın Zaman Değeri

Kar kavramı ile değer kavramı arasındaki farklılık ifade edilirken aynı muhasebe kayıt dönemi içerisinde olmak kaydı ile paranın giriş ve çıkışlarının zamanlamasının bir önemi olmadığı belirtilmişti. Ancak finansman açısından nakit giriş ve çıkışlarının zamanlaması oldukça önemlidir. Farklı zaman dilimlerindeki nakit girişlerinin değerleri kişiler tarafından farklı algılanmaktadır. Yakın zaman dilimindeki nakit girişi ile uzak zaman dilimindeki nakit girişinin değer karşılığı farklı olup, yakın zamandaki nakit girişi, kişiler tarafından daha değerli bulunmaktadır (Aydın, Başar ve Coşkun, 2007; 57). Tablo 1'de gösterilen nakit hareketliliklerini incelediğimizde muhasebe açısından A ve B projesi arasında bir farklılık yoktur.

Tablo 1: Farklı Zaman Dilimlerindeki Nakit Akımları

Süre	A Projesi	B Projesi
1. Ay	-4 000TL	-4 000TL
2. Ay	+1000TL	+3000TL
3. Ay	+1000TL	+2000TL
4. Ay	+1000TL	---
5. Ay	+1000TL	---
6. Ay	+1000TL	---
Toplam:	+1000TL	+1000TL

Ancak finansal yönetim açısından B daha değerli olan projedir ve B projesi tercih edilecektir. Yatırımcı A projesinde 5. ayda yatırımının tamamını geri alacak ve 6. ayda kara geçebilecektir. Yatırımcı B projesinde ise 2. ay dolmadan yatırımını geri alacak ve 2. ayın sonunda kara geçecektir. Pekiyi yatırımcıyı A projesini tercih etmesi yönünde nasıl ikna edebiliriz? Mevcut şartlar altında yatırımcının A projesini tercih etmesi pek mümkün görünmemektedir. Ancak A projesinin toplam net nakit akımında B projesinden daha fazla kar vermesi durumunda yatırımcı daha fazla gelir için A projesini tercih edebilecektir. Burada yatırımcının B projesi yerine A projesini tercih etmesi için yatırımcıya verilen artı nakit paranın zaman değerini oluşturmaktadır. Finansal piyasalar paranın zaman içerisindeki bu ek değerini **faiz** olarak tanımlamaktadırlar.

Faiz oluşumunda temel unsurun para üzerindeki zaman etkisi olduğu anlaşılmaktadır. Yatırımcılar açısından paranın zaman değeri içindeki en önemli unsurun enflasyon etkisi olduğu bilinmektedir. Ancak paranın zaman değeri içerisinde enflasyon, önemli bir yer tutarken bunun dışında farklı unsurları da bulundurmaktadır. Finansal piyasalarda enflasyon üzerinde faiz oranlarının oluştuğu görülmektedir. Buna bağlı olarak finansal piyasalarda farklı faiz tanımlamaları ortaya çıkmaktadır.

1.3.1. Nominal Faiz

Finansal piyasalar içinde işlem yapan her unsurun paranın zaman değeri olarak hesapladığı orana nominal faiz oranı denilmektedir. 1930'lu yıllarda Irwin Fisher tarafından oluşturulan teoriye göre nominal faiz, kısa dönemlerde enflasyon ve reel faizin toplamından (1) oluşmaktadır (Seyidoğlu, 2001; 128).

$i_N = e + i_r$ (1)

i_N: Nominal faiz oranı

e: Enflasyon oranı

i_r: Reel faiz oranı

Fisher teorisine göre finansal piyasalarda tarafların hesapladıkları faiz oranlarının en önemli unsuru enflasyondur. Fon sahipleri yatırımlarının enflasyon karşısında korunaklı olmasını ve enflasyon oranının üzerinde de bir miktar risk primi elde etmeyi talep etmektedirler. Bu teoriye göre nominal faizin dışında reel faiz olarak adlandırılan farklı bir faiz türü de ortaya çıkmaktadır.

1.3.2. Reel Faiz

Fisher teorisinde yatırımcıların, fonlarının zaman içerisinde enflasyon karşısında erimesini istemedikleri için en az enflasyon oranı kadar faiz istedikleri belirtilmiştir. Ayrıca yatırımcılar enflasyon oranının üzerine de risk primi talep ettiklerini belirtmişlerdir. Burada yatırımcıların talep ettikleri risk primi finans literatüründe reel faiz olarak tanımlanmaktadır. Daha basit bir anlatımla nominal faiz ile enflasyon oranı arasında oluşan fark olarak tanımlanmakta ve formül (2)'de gösterildiği gibi hesaplanmaktadır.

$$i_r = \left(\frac{1+i_N}{1+e}\right) - 1 \qquad (2)$$

Konunun anlaşılması için küçük bir örnek verilmesinde fayda vardır.

Örnek-1: X Ülkesinde yıllık mevduat faiz oranı % 13 ve yıllık enflasyon oranı ise % 10 olarak kabul edelim. Bu ülkede yatırımcıların talep ettikleri toplam faiz oranı (nominal faiz oranı) ve talep ettikleri risk primi (reel faiz oranı) nedir.

Çözüm: Sorunun birinci kısmında yatırımcıların talep ettikleri toplam faiz diğer adı ile nominal faiz oranı yıllık mevduat faiz oranı kadardır. Öyle ise nominal faiz oranı i_N: % 13'dür.

Yatırımcıların talep ettikleri risk primi ise o ülkedeki reel faiz oranı kadar olacağı için i_r'nin hesaplanması gerekmektedir. Buna göre:

$i_r = \left(\frac{1+0,13}{1+0,10}\right) - 1$ ise : i_r= 0,0272 = %2,72 olarak bulunmaktadır.

X ülkesinde bulunan yatırımcıların talep ettikleri risk primi ya da reel faiz %2,72 olarak hesaplanmaktadır.

1.3.3. Paranın Zaman Değerini (Faizi) Hesaplama Yöntemleri

Faiz hesaplama türlerinin açıklanmasından önce paranın hangi zamandaki değerinin hesaplanması gerektiğinin bilinmesi gerekmektedir. Finansal yönetim içerisinde paranın gelecek bir zamandaki değeri ve şimdiki zamandaki değeri hesaplanmaktadır. Paranın belirli bir gelecek zamandaki değerine gelecek değer (GD) ve paranın şimdiki zamanda hesaplanan değerine bugünkü değer (BD) denir. Faiz hesaplamalarında herhangi bir zamanda oluşan değerin yanında faiz oranı (i) ve faizin etki ettiği süre (vade) de bilinmelidir.

Bu verilere ulaşılmasından sonra faiz hesaplamaları gerçekleştirilebilir. Faiz hesaplamalarında basit ve bileşik faiz olarak iki farklı yöntem kullanılmaktadır. Bu iki yöntem ayrı, ayrı ele alınarak anlatılacaktır.

1.3.3.1. Basit Faiz

Basit faiz hesaplamasında faiz sadece anaparaya tahakkuk eder. Yani faizin etkisi sadece anaparayadır. Dönem içerisinde ortaya çıkmış olan faiz tutarı üzerine tekrar faiz etkisi oluşturulmaz. Basit faizin hesaplanmasında formül (3) kullanılır.

$$GD = BD \times (1 + (i \times n)) \qquad (3)$$

GD: Gelecek Değer

BD: Bugünkü Değer

İ: Faiz oranı

n: Vade

Konunun anlaşılabilmesi için kısa bir örnek verilmiştir:

Örnek-2: Bu gün sahip olunan 1 000TL değerindeki varlıklarımızın aylık %1 basit faizle 12 ay sonra değeri ne kadar olacaktır.

Çözüm: Soruda basit faiz hesaplama yöntemine göre ana paramız olan 1 000TL'ye 12 ay süresince her ay %1 faiz etki edecektir. Buna göre bizden istenen varlıklarımızın gelecekte oluşacak değerini sormaktadır.

GD= 1 000 x (1 + (0,01 x 12)) ise GD= 1 120TL olarak hesaplanacaktır. Ayrıca elde edilmiş faiz tutarının hesaplanması istenirse GD'den BD'i çıkarılır ve hesap edilir. Buna göre elde edilmiş faiz tutarı:

1 120 – 1 000= 120TL olarak hesaplanmıştır.

1.3.3.2. Bileşik Faiz

Basit faizin tanımı yapılırken faizin sadece anaparaya etki ettiğini belirtmiştik. Bileşik faizde ise faiz hem anaparaya, hem de geçmiş dönemde ortaya çıkmış olan faiz tutarına etki eder ve formül (4)'de gösterildiği gibi hesaplanır.

$$GD = BD \times (1+i)^n \qquad (4)$$

Dikkat edilirse n (Vade) basit faizde doğrusal katsayı şeklinde iken bileşik faizde üstsel bir etkiye sahiptir. Buna göre basit faiz doğrusal bir fonksiyonken bileşik faiz üstsel bir fonksiyondur ve n arttıkça iki hesaplama yöntemi arasındaki faiz tutar farkı da artacaktır. Konunun daha iyi anlaşılması için Örnek-2'de basit faiz yöntemi ile çözülen soru bileşik faizle çözülecektir.

$GD= 1000 \times (1+0{,}01)^{12}$ ise GD= 1126,82TL olarak hesaplanmıştır. Aynı dönemde oluşan faiz tutarına bakacak olursak:

1126,82-1000= 126,82TL faiz tutarı hesaplanmaktadır.

Örnek-2 verileri aynı olmasına karşılık faiz hesaplamasında kullanılan yöntemin değişmesi ile hesaplanan faiz tutarı 6,82TL farklılık göstermiştir. Finansal piyasalarda çoğunlukla bileşik faiz hesaplama yöntemi kullanılmaktadır.

1.3.3.3. Taksitlendirme (Anuite) Hesaplamaları

Bir seferlik nakit akımlarının gelecekteki veya bugünkü değerlerinin hesaplanmasında bileşik ve basit faiz denklemleri kullanılmaktadır. Eğer nakit akımları bir dönemden fazla ise bunun hesaplanmasında iki yöntem kullanılabilir. Birinci yöntem her bir dönemin nakit akımları üzerinden faiz hesaplaması gerçekleştirilerek elde edilen sonuçlar toplanır. Bu yöntem dönem sayısının az olduğu hesaplamalarda kullanılabilir, ancak nakit akımlarının çok olduğu hesaplamalarda hem çok zaman alması hem de karmaşık olmasından dolayı tercih edilmez. Çok dönemli nakit akımlarında nakit akımlarının gelecek değer toplamı ve nakit akımlarının bugünkü değer toplamı olmak üzere iki farklı anuite hesaplama yöntem kullanılmaktadır.

Anuite hesaplamalarının yapılabilmesi için çeşitli şartların oluşması gerekmektedir. Bu şartlar:

- Nakit akımlarının dönem zaman aralıkları eşit olmalıdır.
- Nakit akımları tutarları her dönemde eşit ya da belirli bir oranda artan ya da azalan yapıda olmalıdır.
- Her bir dönemdeki nakit akımına uygulanacak faiz oranı aynı olmalıdır.

Nakit akımlarında belirtilen şartlar oluştuğunda çok dönemli nakit akımları üzerinden gelecek ve bugünkü değer toplamlarının hesaplanması oldukça kolaylaşmaktadır.

1.3.3.3.1. Anuitenin Bugünkü Değer Toplamı

Gelecekte oluşacak nakit akımlarının bugünkü değerlerinin hesaplanarak toplanmasına nakit akımlarının bugünkü değer toplamı ya da anuitenin bugünkü değer toplamı denilmektedir. Şekil 2'de gösterilen nakit akımlarının t_0 yani bugünde toplanması istenirse her bir t zamanında oluşan nakit akımlarının t_0' a iskonto edilmesi ve toplanması gerekmektedir.

Şekil 2: Anuitenin Bugünkü Değer Yapısı

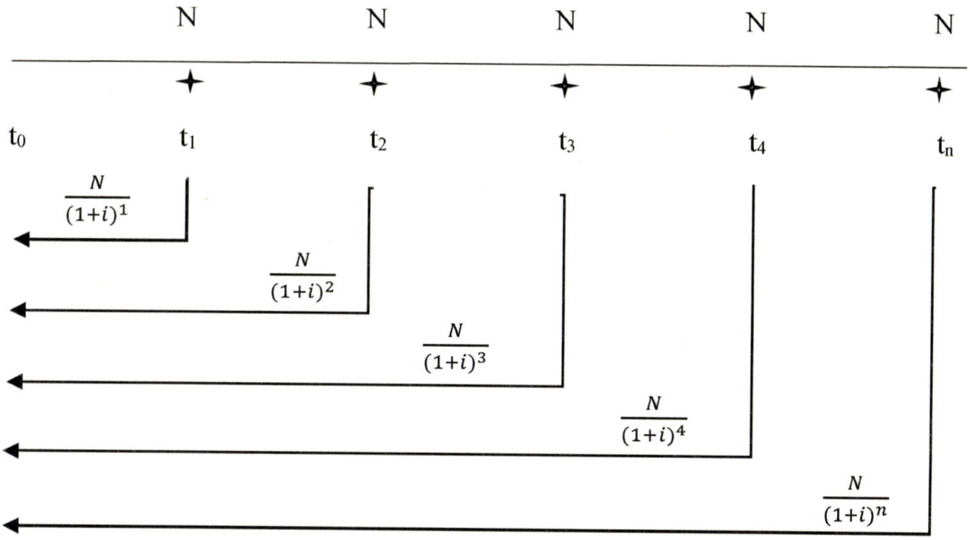

$$\text{ABDT}=\frac{N}{(1+i)^1}+\frac{N}{(1+i)^2}+\frac{N}{(1+i)^3}+\frac{N}{(1+i)^4}+\frac{N}{(1+i)^n}$$

Dönem sayısı az olan nakit akımlarında şekilde gösterildiği gibi işlem yapmak mümkündür ancak dönem sayısı çoğaldıkça bu işlemi tekrarlamak oldukça zorlaşacaktır. Bu durumda formül (5)'de gösterilen anuite fonksiyonu kullanılmalıdır.

$$\text{ABDT}= N\,\frac{(1+i)^n-1}{(1+i)^n\times i} \qquad (5)$$

Anuitenin bugünkü değer toplamının daha iyi anlaşılması için küçük bir örnek verilecek ve çözülecektir.

Örnek-3: Fizibilitesi yapılan A projesinin 5 yıl süresince her yıl 20 000TL nakit girdisi sağlayacağı düşünülmektedir. Bu nakit akımlarının bugünkü toplamı ne kadardır? Not yıllık iskonto oranı %10'dur.

Çözüm:

N: 20 000TL

i: %10

n: 5 yıl

ABDT: ?

Bu sorunun iki farklı yöntemle çözümü mümkündür. Her bir dönemin bugünkü değerlerinin hesaplayarak toplamak ya da anuitenin bugünkü değer toplamı fonksiyonunu kullanmak, çözümler arasında yer alabilir. Konunun anlaşılması için her iki yöntemle de çözüm gerçekleştirilecektir.

1. Yöntem

$$ABDT=\frac{20000}{(1+0{,}10)^1}+\frac{20000}{(1+0{,}10)^2}+\frac{20000}{(1+0{,}10)^3}+\frac{20000}{(1+0{,}10)^4}+\frac{20000}{(1+0{,}10)^5}$$

ABDT= 18181,82 + 16528,93 + 15026,3 + 13660,27 + 12418,43= 75815,74TL

2. Yöntem

$$ABDT= 20000\,\frac{(1+0{,}10)^5-1}{(1+0{,}10)^5\times 0{,}01} = 75815{,}74TL$$

14641 13310 12100 11000 10000

Her iki yöntemle de aynı sonuca ulaşılmaktadır. Elde edilen sonuçlara göre A projesinin nakit akımlarının bugünkü değer toplamı 75 815,74TL dir. Eğer paranın zaman değeri olmasaydı 5 x 20 000TL üzerinden A Projesinin bugünkü değer toplamı 100 000 TL olarak kabul edilebilirdi. Ancak birinci yıldaki nakit akımı ile beşinci yıldaki nakit akımı üzerindeki değer aynı değildir. Vade uzadıkça uzun vadedeki nakit akımının değeri azalmaktadır.

1.3.3.3.2. Anuitenin Gelecek Değer Toplamı

Nakit akımlarını her zaman bugünde toplanması istenmeyebilir. Nakit akımlarının gelecek bir zamanda toplanması da istenebilir. Bu işlemin gerçekleştirilmesinde de her bir nakit akımının ayrı, ayrı gelecek değeri hesaplanıp toplanabilir ya da anuitenin gelecek değer toplamı fonksiyonu kullanılabilir. Şekil 3'te anuitenin gelecek değer yapısı detaylıca gösterilmiştir.

Şekil 3: Anuitenin Gelecek Değer Yapısı

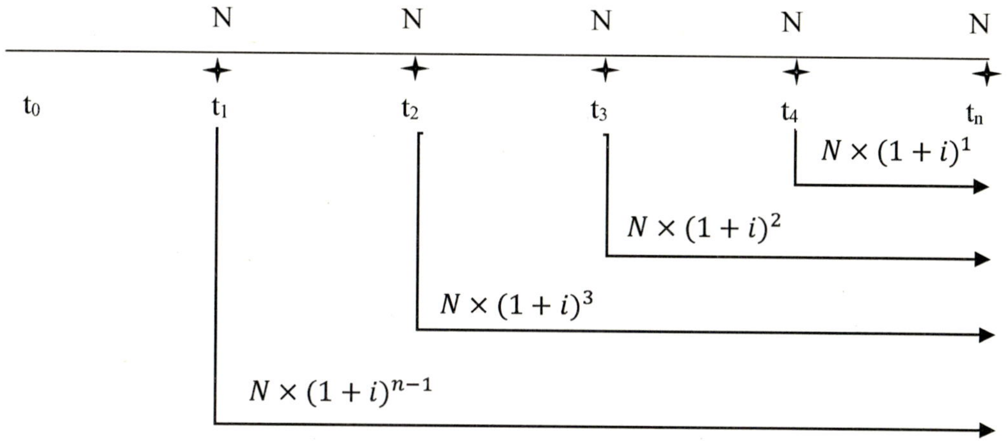

AGDT= $N \times (1+i)^{n-1} + N \times (1+i)^3 + N \times (1+i)^2 + N \times (1+i)^1 + N$

Dönem sayısını çok olduğu durumlarda ise formül (6)'de gösterilen anuitenin gelecek değer toplamı fonksiyonu kullanılmalıdır.

AGDT= $N \frac{(1+i)^n - 1}{i}$ (6)

Anuitenin gelecek değer toplamının daha iyi anlaşılması için küçük bir örnek verilmiş ve çözülmüştür.

Örnek-3: Her yılın sonunda olmak üzere 5 yıl boyunca kişi mevduat hesabına 10 000TL yatırmaktadır. Uygulanan yıllık mevduat faiz oranı ise %10 dur. Buna göre kişinin mevduat hesabında kaç TL para birikir?

Çözüm:

N : 10 000TL

İ : %10

N : 5 yıl

AGDT : ?

1. Yöntem

AGDT= $10000 \times (1+0{,}10)^4 + 10000 \times (1+0{,}10)^3 + 10000 \times (1+0{,}10)^2 + N \times (1+0{,}10)^1 + 10000$

AGDT= 14641 + 13330 + 12100 + 11000 + 10000 = 61051TL

2. Yöntem

AGDT= $10000 \frac{(1+0{,}10)^5-1}{0{,}01} = 61051$TL

Eğer paranın zaman değeri olmasaydı mevduat hesabında birikecek para miktarı basit bir şekilde 5 x 10000 = 50000TL olarak bulunabilirdi. Ancak paranın zaman değerine bağlı olarak kişinin mevduat hesabında 61051TL para birikmiş olacaktır.

1.4. Risk ve Getiri

Kişilerin ve firmaların çalışma hayatına başlamalarının temel amacı olarak sahip olunan değerin arttırılmasını dile getirmiştik. Kişiler ve firmalar bu amaca ulaşabilmek için sürekli olarak finansal faaliyetler içerisindedir ve yatırım yapmak için gerekli şartların oluşmasını isterler. Elbette yatırım yapılırken düşünülen ilk unsur ne kadar gelir elde edileceğidir. Ancak yapılan yatırımların hepsi geleceğe yöneliktir ve gelecek içerisinde belirsizlik bulundurur. Gelecek içerisindeki belirsizlikler planlanan yatırımın beklenen getirisini değiştirebilir. Beklenen getiriden gerçekleşen getirinin sapmasına risk denilmektedir. Riskin hesaplanmasında standart sapma ya da varyans denilen istatistiki yöntemler kullanılır. Finans literatüründe risk ve getiri arasında pozitif bir ilişki vardır (Ceylan ve Korkmaz, 2000; 264). Risk ve getirinin arasındaki bu pozitif ilişkiye bağlı olarak yatırımcılar yüksek risklere bağlı olarak daha fazla getiri beklemekte, daha düşük gelirler karşılığında da daha düşük risklere katlanmak istemektedirler. Yatırımcılar bu beklentilere bağlı olarak riskler ve getiriler arasında mümkün olduğunca yüksek getiri ve mümkün olduğunca düşük risk optimizasyonunun sağlanmasını istemektedirler.

Finansal piyasalarda oluşan risklerin bir kısmı yatırımcının kendi özelliklerinden ortaya çıkarken, risklerin bir kısmı yatırımcıların etki alanlarının tamamen dışındaki unsurlardan ortaya çıkmaktadır. Firmaların veya kişilerin kendi karalarından ortaya çıkan risklere sistematik olmayan riskler, firma ya da kişilerin dışında ortaya çıkan risklere ise sistematik riskler denilmektedir (Ercan ve Ban, 2005; 178).

Şekil 4: Risk Kaynakları

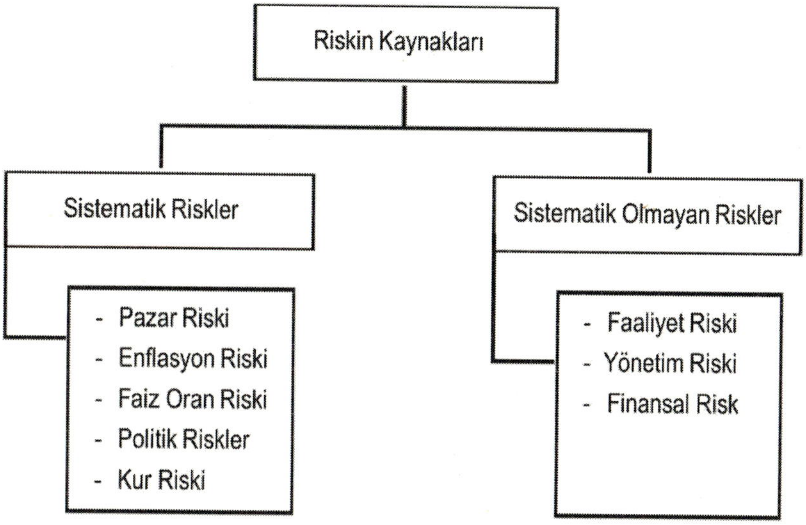

Şekil 4'te gösterildiği gibi sistematik riskler piyasada bulunan bütün yapıları aynı oranda etkilemektedir. Ayrıca bu risk türleri firmaların risk yönetim stratejileri ile ortadan kaldırılması mümkün değildir. Sistematik olmayan riskler ise firmanın kendi iç dinamiklerine bağlı olarak ortaya çıkan risklerdir. Bu risklerin çeşitli risk yönetim sistemlerine bağlı olarak azaltılması ve firma finansal yapısının korunması sağlanabilmektedir.

1.4.1. Risklerin Hesaplanması

Yapılacak yatırımların geleceğe yönelik olmasına bağlı olarak çeşitli belirsizliklere sahip olduğu daha önceden belirtilmiştir. Bu belirsizliklerin hesaplanabilir ve analiz edilebilir kısmı ise risk olarak tanımlanmaktadır. Yatırım risklerinin yönetilebilmesi için gelecekteki belirsizliklerin analiz edilebilir şekle dönüştürülmesi gereklidir. Risklerin ölçülmesi için geçmiş dönem verilerinden yararlanılarak standart sapma veya varyans hesaplamalarından faydalanılır (Bolgün ve Akçay, 2009; 354). Geçmiş dönem nakit akımları üzerinden standart sapma hesaplaması formül (7)'de gösterilmiştir.

$$\sigma = \sqrt{\frac{\sum_{i=1}^{n}(k_i - \bar{k})^2}{n-1}} \qquad (7)$$

σ: standart sapma

k_i: birim değer

$\bar{k}$: ortalama değer: $\frac{\sum_{i=1}^{n} k_i}{n}$

n: dönem sayısı

Örnek-4: ABC firmasına ait aylık nakit girişleri tabloda gösterildiği gibidir. Bu verilere göre işletmenin ortalama nakit girişi ve bu nakit girişlerinin standart sapması ne kadardır?

Dönem (ay)	Nakit Girişleri
1	10000
2	12000
3	8000
4	10000
5	11000
6	9000

Çözüm:

Dönem (ay)	Nakit Girişleri	$\frac{\sum_{i=1}^{n} k_i}{n}$	$(k_i - \bar{k})$	$(k_i - \bar{k})^2$
1	10000	10000	0	0
2	12000	10000	2000	4000000
3	8000	10000	-2000	4000000
4	10000	10000	0	0
5	11000	10000	1000	1000000
6	9000	10000	-1000	1000000
Toplam	60000			10000000

$$\sigma = \sqrt{\frac{10000000}{5}} = 1414{,}21\text{TL}$$

Firmanın ortalama nakit akımları 10 000TL dir. Ancak firmanın bu ortalama nakit akımlarından standart sapması 1414,21TL olarak hesaplanmıştır. Buna göre firma ortalama aylık 10 000TL nakit girdisi bekleyecektir. Ancak aylık olarak 10 000TL nin 1414,21TL altında ya da üstünde de nakit girdisi ile karşılaşabileceğini bilmesi gerekmektedir.

Eğer işletmelerin geçmiş kayıtları varsa yukarıda gösterilen yönteme bağlı olarak standart sapmanın hesaplanması mümkündür. Ancak karar sürecinde her zaman geçmiş dönem verileri bulunmayabilir. Bu durumda karar verecek kişinin riskleri hesaplamasında kullanması gereken yöntem beklenen getiri üzerinden standart sapma hesaplamasıdır. Bu hesaplamanın kullanılmasında karar verecek kişinin iyi, kötü ve normal durum senaryolarına göre nakit girişlerini tahmin etmesi gerekmektedir. Bu açıdan beklenen getiri üzerinden standart sapma hesaplamaları tarihi veriler üzerinden standart sapma hesaplamalarına göre daha sübjektif bir yapıya sahiptir. Bunun için karar verecek kişinin tecrübesi ve diğer özellikleri büyük önem taşımaktadır. Beklenen getiri üzerinden standart sapma hesaplaması formül (8)'de gösterilmiştir.

$$\sigma = \sqrt{\sum_{i=1}^{n}((k_i - \bar{k})^2 x \; P_i)}$$

σ: standart sapma

k_i: belirli şart altında nakit girişi

$\bar{k}$: beklenen nakit girişi: $\sum_{i=1}^{n} k_i \times P_i$

P_i: belirli şartın gerçekleşme olasılığı

Örnek-5: Firmanın nakit girişleri ile ilgili tahmini tabloda verildiği gibi ise işletmenin ortalama nakit girişi ve bu ortalama nakit girdisinde sapma miktarları ne kadardır?

Beklen Durum	Beklenen Durumun Gerçekleşme Olasılığı	Nakit Girdisi
İyi	25%	15000
Normal	50%	12000
Kötü	25%	9000

Çözüm:

Beklen Durum	Beklenen Durumun Gerçekleşme Olasılığı P_i	Nakit Girdisi k_i	$k_i \times P_i$	$\bar{k}$	$(k_i - \bar{k})$	$(k_i - \bar{k})^2$	$(k_i - \bar{k})^2 x P_i$
İyi	25%	15000	3750	12000	3000	9000000	2250000
Normal	50%	12000	6000	12000	0	0	0
Kötü	25%	9000	2250	12000	-3000	9000000	2250000
			12000				4500000

$\sigma = \sqrt{4500000}$= 2121,32TL

İşletmenin aylık olarak beklemesi gereken nakit girişi 12 000TL dir. Ancak işletme bu ortalama nakit girişinden 2121,32TL daha az ya da daha fazla nakit girişinin olabileceğini bilmelidir.

1.4.2. Gelir ve Gelir Hesaplaması

Kişi veya firmalar için gelir, gerçekleştirdiği faaliyetler sonrasında elde ettiği net kazançtır. Gelirin hesaplanmasında firmaya olan nakit girişleri ile firmadan nakit çıkışları arasındaki pozitif kalandır. Bu tanıma göre tek başına nakit girişleri veya nakit çıkışları bir anlam ifade etmemektedir. Bu iki değişken arasındaki pozitif farkın büyüklüğü önemli olmaktadır. Gelirin maksimize edilmesi çabası içerisinde nakit girişlerinin mümkün olduğunca yüksek, nakit çıkışlarının ise mümkün olduğunca düşük olması gerekmektedir.

1.5. Yatırım Kararları

Firmalar ve kişilerin iş hayatında en büyük amacı sahip oldukları değerin artışını sağlamaktır. Bunun gerçekleşmesi için sahip olunan sermayenin yatırıma dönüştürülmesi ve bu yatırım sonucunda pozitif net nakit akımına sahip olunması gerekmektedir. Firmaya ya da kişinin kendisine pozitif net nakit akımı sağlaması açısından yatırım kararları oldukça önemlidir. Yatırım, en yalın hali ile gelecekte daha fazla gelir elde etmek için bugünden sahip olunan sermayenin kullanılmasıdır (Karan, 2001; 3).

Yatırım kararlarında gelecekte oluşacak gelir ve bugün sahip olunan sermayenin seviyesi en temel iki konudur. Gelirin gelecekte ortaya çıkmasına bağlı olarak yapılan yatırım üzerinde riskler ve belirsizlikler vardır. Yatırımcının gelecekte maruz kalabileceği riskleri oldukça detaylı ve analitik yöntemlerle incelemesi gerekmektedir. Elbette yatırımcıların geleceği tam olarak bilmesi mümkün değildir ve yatırımcıdan böyle bir şey beklemek de haksızlık olacaktır. Ancak analitik risk tespit ve yönetim sistemleri kullanılarak gelecek planlamasının yapılması bir gerekliliktir.

Yatırımın ikinci boyutu ise yatırım için gerekli sermayenin miktarı ve bu sermayenin maliyetidir. Sonuç olarak yatırımcı sahip olduğu sermayeden daha fazla kazanç elde edeceğini düşünerek yatırım yapacaktır. Yatırım sonucunda elde edeceği gelirin yatırım için koyduğu sermaye maliyetinin üzerinde olmalıdır. Yatırımın başarısı için temin edilecek sermaye maliyetini optimize etmek önemli bir unsur olarak ortaya çıkmaktadır.

Yatırımın karar sürecinde yapılması gereken; gelecekte oluşacağı tahmin edilen pozitif nakit akımlarının yatırım için temin edilen sermayenin kendisini ve bu sermayenin maliyetlerini aşıp aşmayacağını tespit edilmesidir. Eğer yatırım sonucunda ortaya çıkan pozitif net nakit akımları sermayenin kendisini ve maliyetlerini aşıyor ise yatırım kararı olumlu olacak ve yatırım gerçekleşecektir. Eğer yatırım sonucunda net nakit akımları sermayenin kendisini ve maliyetini karşılamayacaksa yatırım kararından vazgeçilecektir.

1.5.1. Sermaye Maliyeti

Yatırım kararın alınmasında yatırılacak sermayenin maliyetinin üzerinde pozitif net nakit girişi olması zorunluluğu belirtilmişti. Buna göre yatırım kararı alınırken yatırımcı gelecekte oluşacak nakit akımlarının sermaye maliyetleri ile bugüne iskonto edecek ve sonuç pozitif ise yatırım projesi kabul edilecektir (Şahin, 2000; 96). Yatırım projelerinin analiz edilmesinde finansal olarak öncelikle kullanılacak sermayenin maliyetinin tespit edilmesi gerekmektedir. Firmaların kullandıkları sermaye yapısı incelendiğinde temelde iki farklı sermaye olduğu görülmektedir. Şekil 5'te gösterildiği gibi firmaların sermaye yapısı öz kaynaklar ve yabancı kaynaklardır.

Şekil 5: Genel Bilanço Yapısı

X. AŞ. Bilançosu	
Varlıklar	**Kaynaklar**
Dönen Varlıklar	Kısa Vadeli Borçlar
	Uzun Vadeli Borçlar
Duran Varlıklar	Öz Kaynaklar

Öz kaynaklar firmayı oluşturan ortakların verdiği sermayedir. Yabancı kaynaklar ise işletmeye borç veren kişi ya da kuruluşlardan temin edilen sermayedir. Kısa vadeli yabancı kaynaklar vadesi bir yıldan kısa olan borçlardır ve kısa vadeli banka kredileri ve kısa vadeli ticari borlardan meydana gelir. Uzun vadeli borçlar ise bir yıldan uzun vadeli borçlardır ve genellikle uzun vadeli banka kredilerinden oluşur.

1.5.1.1. Yabancı Kaynak (Borç) Maliyeti

Yabancı kaynakların maliyeti en yalın şekli ile borcun üzerindeki etkili olan faiz oranıdır. İhtiyaç anında alınan kredilerin geri ödemesinde sadece borcun kendisi ödenmeyecektir. Borç verenler sağladıkları hizmet karşılığında bir ücret talep edecektir. Talep edilen bu ücret iş hayatında faiz olarak karşımıza çıkmaktadır ve alınan borcun da maliyetini oluşturmaktadır.

Ancak tüzel kişiler için muhasebe ve vergi kayıtlarına bağlı olarak alınan borç maliyetlerinin vergi matrahından indirge şansı bulunmaktadır. Böylece firmalar ödedikleri faizi finansman giderleri olarak kaydederek vergi avantajı elde etmiş olurlar. Bu avantaja bağlı olarak firmaların yabancı kaynak maliyeti, borcun faizi kadar olmayıp vergiden arındırılmış faiz oranı kadar olacaktır. Daha anlaşılır olması için borç maliyetinin hesaplaması formül (9)'de gösterilmiştir.

$$k_y = i \times (1 - V) \qquad (9)$$

k_y: Yabancı kaynak maliyeti

i: borcun faiz oranı

v: vergi oranı

1.5.1.2. Öz Kaynak Maliyeti

Birçok yatırımcı, firma kuruluşunda verilen sermayenin ve oto finansman olarak kullanılan net karın bir maliyetinin olmadığını düşünür. Bu düşüncenin nedeni elde edilen sermayenin borçlar gibi geri ödeme zorunluluğunun bulunmamasıdır. Ancak bu düşünce doğru değildir. Çünkü ortaklar firma kuruluşu için ayırdıkları sermaye karşılığında kendi sahip oldukları servetin artacağı beklentisi içindedirler. Ayrıca risksiz yatırım araçlarına yatırım yapmayıp riskler barındıran bir firmaya sermaye vermeleri risksiz yatırım aracından daha fazla gelir beklemelerinden kaynaklanmaktadır. Bu beklentilere bağlı olarak ve borçlarda bulunan vergi avantajının bulunmamasından dolayı öz kaynaklar, yabancı kaynaklara göre daha pahalı kaynaklardır.

Öz kaynak maliyetinin hesaplanmasında iskonto edilmiş kar payı ve sermaye varlıklarını fiyatlandırma (CAPM) modelleri kullanılmaktadır (Ercan ve Ban, 2005; 214).

İskonto edilmiş kar payı modelinde öz kaynak maliyeti birim hisse değerine düşen kar payının oranı olarak kabul edilmektedir. Hisse başına kar payının sürekli aynı kalacağı kabul edildiğinde formül (10) kullanılır.

$$k_e = \frac{D}{P_0} \tag{10}$$

k_e : Öz kaynak maliyeti

D: Hisse başına kar payı

P_0: Birim hisse değeri

Eğer kar payının sabit bir oranda artacağı kabul edilirse formül (11) kullanılmalıdır.

$$k_e = \frac{D}{P_0} + g + \tag{11}$$

k_e : Öz kaynak maliyeti

D: Hisse başına kar payı

P_0: Birim hisse değeri

g : Sabit artış oranı

Sermaye varlıkları fiyatlandırma (CAPM) modelinde ise yatırımcıların en az risksiz faiz oranı kadar getiri ve katlandıkları risklerin karşılığı olarak bir risk primi talep ederler. Finansal piyasalarda risksiz faiz oranı olarak kamu borçlanma faiz oranı kabul edilir (Karan, 2001; 215). Ayrıca risk priminin hesaplanmasında firmaların genel ekonomik yapı ile olan ilişkisinin bir göstergesi olan beta katsayısı da kullanılmalıdır. Bu gerekliliklere bağlı olarak sermaye piyasalarında olmayan küçük işletmeler için bu modelin uygulanması oldukça zordur. CAPM modeline göre öz kaynak maliyeti formül (12)'de gösterildiği gibi hesaplanmaktadır.

$$k_e = i_r + \beta \times (i_{ort} - i_r)$$

k_e : Öz kaynak maliyeti

i_r : Risksiz getiri oranı

i_{ort} : Sermaye piyasaları ortalama getiri oranı

β : Firmanın sermaye piyasaları ile ilişkisini gösteren katsayı

1.5.1.3. Ortalama Sermaye Maliyeti

Firmanın kullanacağı toplam sermaye, yabancı ve öz kaynakların toplamından oluşacağı için toplam sermayenin maliyeti de iki farklı sermaye yapısının maliyetlerinin kaynaklar içerisindeki ağırlıklı oranlarınca şekillenecektir. Ortalama sermaye maliyetini hesaplanmasında formül (12) kullanılacaktır.

$$k_w = (k_y \times W_y) + (k_e \times W_e) \qquad (12)$$

k_w : Ortalama sermaye maliyeti

k_e : Öz kaynak maliyeti

k_y : Yabancı kaynak maliyeti

W_e : Öz kayanak toplamının toplam kaynaklar içindeki oranı

W_y : Yabancı kaynakların toplam kaynaklar içindeki oranı

Ortalama sermaye maliyetinin hesaplanmasının daha anlaşılması için basit bir örnek verilecek ve çözülecektir.

Örnek-6: Firmanın sahip olduğu bilanço yapısı tabloda verildiği gibidir. Kısa vadeli borçlarını faiz oranı yıllık %16 uzun vadeli borçlarının yılık faiz oranı ise %17'dir. Birim hisse değeri 50TL ve birim hisse başına dağıtılacak kar payının 8TL olması ve her yıl bu tutarın %5 artması öngörülmektedir. Bu verilere göre ortalama sermaye maliyeti % kaçtır? Not: Kurumlar vergisi %20'dir.

X. AŞ. Bilançosu			
Varlıklar	100000	Kaynaklar	100000
Dönen Varlıklar	30000	Kısa Vadeli Borçlar	20000
		Uzun Vadeli Borçlar	30000
Duran Varlıklar	70000	Öz Kaynaklar	50000

Yabancı kaynakları maliyeti:

k_k= 0,16x(1-0,20) ise, kısa vadeli borçların maliyeti:0,128= %12,8

k_u= 0,17x(1-0,20) ise, uzun vadeli borçların maliyeti: 0,136= %13,6

Öz kaynakların maliyeti:

$K_e = \frac{8}{50} + 0{,}05$ ise öz kaynak maliyeti: 0,21= %21

Yabancı kaynakların ağırlıklı oranları:

$W_k = \frac{20000}{100000} = 0,20$

$W_u = \frac{30000}{100000} = 0,30$

Öz kaynakların ağırlık oranı:

$W_e = \frac{50000}{100000} = 0,50$

Ortalama sermaye maliyeti:

K_w= (0,128x0,20)+(0,136x0,30)+(0,21x0,50) = 0,1714 ise %17,14 olarak bulunur.

1.5.2. Yatırım Kararı Analiz Yöntemleri

Yatırım kararlarının alınmasında paranın zaman değerini önemseyen ve önemsemeyen yöntemler olarak iki farklı grupta incelenebilir. Ancak daha önceki bölümlerde anlatıldığı gibi paranın üzerinde zamana bağlı riskler vardır ve bu risklerin analizlerde yer alması gerekir. Buna bağlı olarak paranın zaman değerini önemsemeyen yöntemler bu kısımda ele alınmayacaktır.

Paranın zaman değerini önemseyen birçok yöntem mevcuttur ancak finansal literatürde en çok;

- NBD (Net Bugünkü Değer)
- Kİ (Karlılık İndeksi)
- EMY (Eş Değer Maliyet Yöntemi)
- İKO (İç Karlılık Oranı)

analiz yöntemleri kullanılmaktadır. Bu yöntemler ayrı ayrı olarak incelenecektir.

1.5.2.1. Net Bugünkü Değer Yöntemi

Yatırım analizlerinde en çok kullanılan bu yöntemin temel prensibi; gelecekte ortaya çıkacak nakit akımlarının yatırımcının belirlediği iskonto oranı ile bugüne indirgenmesi ve yatırım tutarı ile arasındaki farkın tespit edilmesine dayanmaktadır (Okka, 2006; 252). Analizin ilk aşamasında gelecekte ortaya çıkacak nakit akımlarının tahmin edilmesi gerekmektedir. Gelecekte oluşacak nakit akımlarının tahmin edilmesinde karar vericinin tecrübesi ve bilgisi büyük önem taşımaktadır. Ayrıca bu tahminlerin gerçekleşmesinde mümkün olduğunca en küçük kareler vb. analitik yöntemler kullanılmalıdır.

İkinci aşamada ise nakit akımlarını bugüne iskonto edecek oranın tespit edilmesidir. Bu oranın tespit edilmesinde;

- Ortalama sermaye maliyeti
- Enflasyon oranı
- Sistematik olmayan projeye özgü riskler

dikkate alınmalıdır. Yatırımcı şu soruyu kendine soracaktır: "*Risksiz ve daha az çaba gerektiren faaliyetlerde gelir etme imkanım varken neden bu projeye sermaye yatırmalıyım?*". Bu sorunun gerçekte oldukça basit bir cevabı vardır. Elbette yatırımcı diğer yatırım projelerinden daha fazla gelir elde edeceğini düşündüğü için sermayesini analiz edilen projeye yatırmaya ikna olacaktır. Analizin iskonto oranı yatırımcının projeye sermaye yatırması için en az kazanç oranı ile aynı oran olacaktır. NBD analiz yönteminin fonksiyonu formül (13)'de gösteriliği gibi olacaktır.

$$NBD = BDT - Yatırım \qquad (13)$$

$$BDT = \left(\frac{N_1}{(1+i)^1}\right) + \left(\frac{N_2}{(1+i)^2}\right) + \left(\frac{N_3}{(1+i)^3}\right) + \cdots + \left(\frac{N_{n-1}}{(1+i)^{n-1}}\right) + \left(\frac{N_n}{(1+i)^n}\right) + \left(\frac{H}{(1+i)^n}\right) \qquad (14)$$

N: Dönemsel nakit akımı

i: Iskonto oranı

n: Süre

H: Hurda değer

$NBD > 0$ ise proje kabul edilir

$NBD < 0$ ise proje reddedilir

$NBD = 0$ ise kararsız kalınır

Formül (14)'de H ile gösterilen hurda değerinin de analize dahil edilmesi gerekmektedir. Hurda değer, yatırımın ekonomik ömrünün sonunda ikincil piyasalarda sahip olacağı değerdir. Hurda değerinin bazı projelerde analiz dışında tutulduğu bilinmektedir. Ancak firmaya pozitif nakit akımının analize dahil edilmesi daha doğru bir yaklaşım olacaktır. Analizin sonucunda NBD'nin sıfırdan büyük bir değere sahip olması istenir. Bu şartın yerine gelmesine bağlı olarak yatırımcı en az ıskonto oranı ve yatırım yaptığı tutarın üstünde bir gelir elde etmiş olacaktır. NBD negatif olursa yatırımcı istediği geliri sağlayamayacağı için ıskonto oranı kadar gelir vaat eden diğer yatırımı tercih edecek ve mevcut yatırımı reddedecektir. NBD eğer sıfır ise yatırımcı ister diğer yatırıma yönelsin, isterse de mevcut yatırımda kalsın finansal açıdan bir farklılık olmayacağı için kararsız durumda olacaktır.

Örnek-7: A projesi için tahmin edilen yıllık nakit akımları tablo gösterilmiştir. Yatırımcı sermaye maliyeti ve diğer riskleri göz önüne alarak iskonto oranını yıllık %20 tespit etmiştir. A projesi kabul edilir mi?

Yıllar	Nakit Akımları
0	-50000
1	15000
2	20000
3	20000
4	25000
5	25000
Hurda Değer	30000

$$BDT = \left(\frac{15000}{(1+0,20)^1}\right) + \left(\frac{20000}{(1+0,20)^2}\right) + \left(\frac{20000}{(1+0,20)^3}\right) + \left(\frac{25000}{(1+0,20)^4}\right) + \left(\frac{25000}{(1+0,20)^5}\right) + \left(\frac{30000}{(1+0,20)^5}\right)$$

BDT= 72 122,56TL

NBD= 72 122,56 – 50 000 = 22 122,56TL ise NBD>O olduğu için proje kabul edilir.

1.5.2.2. Karlılık İndeksi

Karar verilmesi gereken tek bir proje olduğunda NBD analizi yeterli olmaktadır. Ancak birden fazla yatırım seçeneği olduğunda ve her bir yatırımın süreleri ve diğer özellikleri farklı olduğunda NBD analizi yeterli olamayacaktır. Karlılık indeksi gerçekte NBD analizini tamamlayıcı bir yapıya sahiptir ve formül (15)'de gösterilmiştir.

$$Kİ = \frac{NBD}{Yatırım} \qquad (15)$$

Eğer NBD yapısını formül (14)'de olduğu gibi açarsak formül (15), formül (16)'ya dönüşecektir.

$$Kİ = \frac{BDT-Yatırım}{Yatırım} \qquad (16)$$

Formül 15 ve 16 incelendiğinde Kİ NBD analizinin çoklu yatırım ortamlarında tamamlayıcısı olup, en yüksek Kİ'ye sahip yatırımın tercih edilmesi gereklidir.

Örnek-8: Yatırım kararı verilmesi için A ve B projelerinin nakit akımları tabloda verilmiştir. Her iki yatırım için de iskonto oranı %20 olarak kabul edilmiştir. Buna göre hangi proje yatırım için tercih edilmelidir?

A projesi nakit akımları

Yıllar	Nakit Akımları
0	-50000
1	15000
2	20000
3	20000
4	25000
5	25000
Hurda Değer	30000

B projesi nakit akımları

Yıllar	Nakit Akımları
0	-60000
1	30000
2	25000
3	25000
4	20000
5	20000
6	20000
Hurda Değer	40000

A için BDT: 72 122,56TL

B için BDT: 81 209,28TL

İse

$$Kİ_A = \frac{72122,56-50000}{50000} = 0,4424$$

$$Kİ_B = \frac{81209,28-60000}{60000} = 0,3534$$

Ki analiz sonuçlarına göre A yatırımı %44,24 kazandırırken, B yatırımı %35,34 oranında bir kazanç sunmaktadır. Bu sonuçlara göre A yatırımı tercih edilmelidir.

1.5.2.3. Eşdeğer Maliyet Yöntemi

Nakit akımlarının pozitif olduğu durumlarda NBD ve Kİ analiz yöntemlerinin kullanılması oldukça kolaydır. Ancak firmaların alacağı yatırım kararlarında her zaman pozitif nakit akımı olmayacaktır. Özellikle makine ve teçhizat gibi duran varlıklara yapılacak yatırımlardan pozitif nakit akımı beklenmemektedir. Tam tersi olarak bu yatırımlar sürekli negatif nakit akımı oluşturacaklardır. Bu ve benzeri durumlarda NBD analizi yetersiz kalmaktadır ve karar süreci için EMY eş değer maliyet yöntemi kullanılmaktadır .

EMY için yapılması gereken tüm nakit akımlarının NBD analizinde olduğu gibi bugüne iskonto edilmesi gerekmektedir. Bugün de toplanan nakit akımları, anuitenin bugünkü değer formülüne bölünerek dönemsel eşdeğer maliyet tutarı hesaplanmaktadır. Yatırımlar içerisinden en düşük eşdeğer maliyeti oluşturan yatırım tercih edilecektir. EMY için kullanılacak formül (17)'de gösterilmiştir.

$$EM = \frac{BDT}{\frac{(1+i)^n - 1}{(1+i)^n x\, i}} \qquad (17)$$

EM_{min} tercih edilecektir.

Örnek-9: Firmanın satın almayı düşündüğü süt sağım makinelerinin nakit akımları tabloda gösterilmiştir. Analiz için kullanılacak iskonto oranı % 20 olarak kabul edilecektir. Bu verilere göre firma hangi makineyi tercih etmelidir?

Yıllar	A Makinesi Nakit Akımları
0	-50000
1	-2000
2	-2000
3	-3000
4	-3000
5	-3000
6	-3000
7	-3000
Hurda Değer	20000

Yıllar	B Makinesi Nakit Akımları
0	-60000
1	-1000
2	-1000
3	-1000
4	-1000
5	-2000
6	-2000
7	-2000
8	-2000
9	-2000
Hurda Değer	30000

BDT_A= -53 704TL

BDT_B= -59 658TL

ise

$EM_A = \frac{-53704}{3{,}6045}$ = -14 898TL

$EM_B = \frac{-59658}{4{,}0309}$ = -14 800TL

A makinesinin satış fiyatı B makinesinin satış fiyatından daha düşük olmasına rağmen B makinesinin işletme masrafları daha az ve ekonomik ömrü daha uzun olduğu için B makinesinin yıllık eşdeğer maliyeti A makinesinden daha düşük çıkmıştır. Bu verilere göre B makinesinin alınması gerekmektedir.

1.5.2.4. İç Karlılık Oranı Yöntemi

İç Karlılık Oranı Yöntemi, yatırım projelerinde iskonto oranının tespit edilmesinde zorluklar çekildiğinde kullanılabilen bir analiz yöntemidir. İKO analiz yöntemi NBD analizinde kullanılan fonksiyonu sıfıra eşitleyecek iskonto oranının hesaplanmasını içerir. Bu yöntem her dönemde eşit nakit akımları olduğunda kolay hesaplanabilen bir yöntemdir. Ancak nakit akımları her dönemde farklılık gösterdiğinde bilgisayar teknolojisinden faydalanmak gerekmektedir. Nakit akımlarının her dönemde aynı olduğunda formül (13)'de kullanılan fonksiyon sıfıra eşitlenir ve buradan iskonto oranı hesaplanır.

NBD= BDT – Yatırım=0 şartını oluşturan i oranı yatırım projesinin İKO olarak kabul edilmektedir.

Elde edilen İKO alternatif maliyet oranları ile karşılaştırılır yatırım kararları alınır.

Ancak nakıt akımları her dönemde farklı ise Excel paket programından yararlanılarak İKO'nun hesaplanması gerekmektedir. Excel paket programında İKO hesaplanmasında her hangi bir hücreye "=İÇ_VERİM_ORANI(değerler; tahmin)" fonksiyonu yazılır. Değerler kısmına negatif ve pozitif tüm nakit akımları yazılır. Tahmin kısmına bir rakam yazmaya gerek yoktur. Program tahmin sayısını kendisi otomatik olarak üretebilmektedir. Excel programında f(x) fonksiyonundan Şekil 6'te gösterilen ekrana nakit akımları yazılarak enter tuşuna basıldığında İKO bulunabilecektir (İltir, 2014; 82).

Şekil 6: Excel'de İKO Bulunması

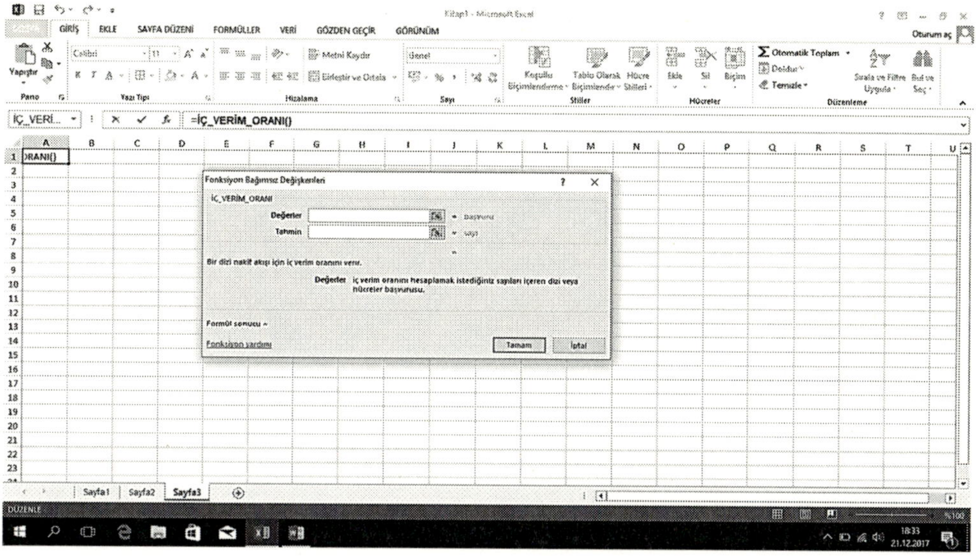

Örnek-10: Yatırım yapılması için A ve B projelerinin nakit akımları tabloda gösterildiği gibidir. Yatırımcının yıllık alternatif maliyeti %17 ise hangi proje tercih edilmelidir.

Yıllar	A Projesi Nakit Akımları	B Projesi Nakit Akımları
0	-45000	-60000
1	15000	20000
2	12000	22000
3	15000	20000
4	17000	19000
5	16000	19500
6	20000	20000
7	21000	18000
8	19000	20000
9	18500	21000
10	20000	19000

Çözüm: Nakit akımları her iki proje için de düzensiz olduğu için Excel paket programından yararlanılacaktır. Programın çözüm sayfası aşağıda verilmiştir.

Şekil 7: Excel'de İKO Bulunması

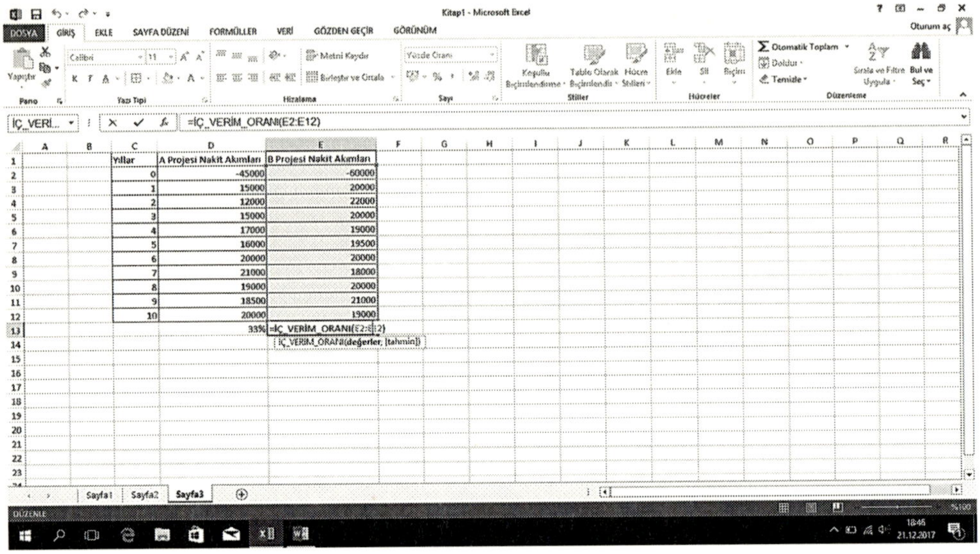

Elde edilen sonuçlara göre A projesinin İKO, %33 iken B projesinde İKO, %31 olarak tespit edilmiştir. Bu verilere göre A projesinin kazanç oranı daha büyük olacağı için A projesi tercih edilmelidir.

1.6. Çalışma Sermayesi

İş hayatının temel amacı olan değer artışının sağlanması için yatırım kararlarının verilmesi gereklidir ve bu kararlar ilk işletme kuruluş sırasında verilen tek seferlik karardır. Bu yatırım kararlarının büyük kısmı duran varlıkların alınması ya da işletmenin kurulması için verilen kararlardır. Firma kurulduktan sonra ticari faaliyetlerine başlaması gerekmektedir. Firma sadece gerçekleştireceği ticari faaliyetler üzerinden nakit akımları sağlayabilecektir. Bu açıdan bakıldığında kuruluş aşamasında alınan karalar çok önemlidir, ancak yatırımın devamlılığı ve beklenen nakit akımlarının gerçekleşmesi için ticari faaliyetlerin başarısı da oldukça önemlidir.

Ticari faaliyetlere bakıldığında faaliyetlerin çoğu Şekil 7'da gösterildiği gibi dönen varlıklar ile kısa vadeli yabancı kaynaklar arasında gerçekleşmektedir (Smith, 1979; 8).

Şekil 8: Bilanço Üzerinde Faaliyetlerin Yönü

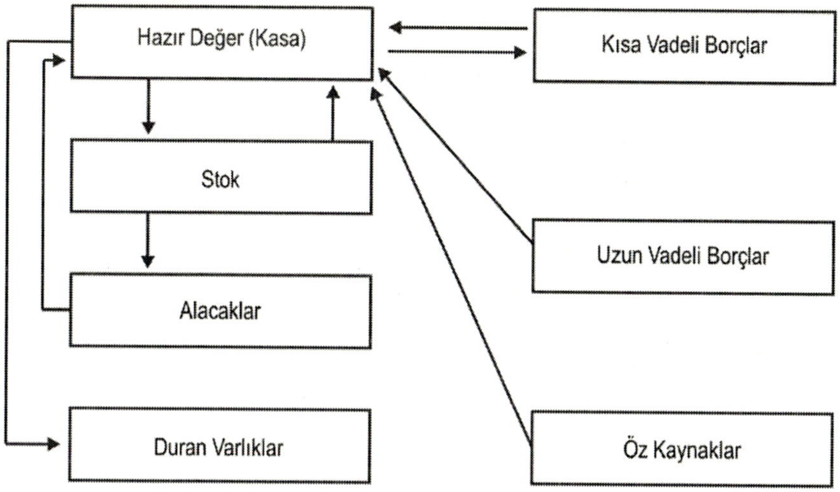

Toplanan sermaye kasada nakit olarak birikir, bu nakitler ticari mallara dönüşür ve stokta satışa kadar bekler. Satışların bir kısmı nakit olarak gerçekleşir ve tekrar hazır değerlere dönüşür ancak satışların bir kısmı ise vadeli satılacaklarından dolayı alacaklar hesabında birikirler. Alacaklar tahsil edildikçe elde edilen nakit, tekrar hazır değerlerde birikecektir. Hazır değerlerde biriken nakit, hem mal alımında hem de borçların geri ödenmesinde kullanılacaktır. Bu durum tek seferlik gerçekleşen bir faaliyet değildir. Firmanın faaliyet yapısına bağlı olarak değişmekle beraber günde binlerce defa gerçekleşebilir. Dönem sonunda kasada arta kalan kısım ise kar payı dağıtımında kullanılabilir ya da oto finansman olarak firmada bırakılabilir. Bu durum, çok yoğun ve hızlı gerçekleşen faaliyet yatırım kararları alınırken hesaplanan nakit akımlarının temelini oluşturmaktadır. Tüm bu ticari faaliyetlerin finansmanında kullanılan fonlar, çalışma sermayesi olarak tanımlanmaktadır. Ayrıca bu fonların yönetimi için harcanan çabaya ise çalışma sermayesi yönetimi denilmektedir.

1.6.1. Çalışma Sermayesi Türleri

Firmaların çalışma sermayeleri türlerinin farklılıkları çalışma sermayesinin kendi yapısından kaynaklanmamaktadır. Yapılan tanım ayrımları çalışma sermayesinin yönetimini ve bilgi aktarımını kolaylaştırmak için yapılmaktadır. Birçok şekilde çalışma sermayesi tanımı yapılabilmektedir, ancak en çok kullanılan türleri aşağıdaki gibidir;

- Brüt Çalışma Sermayesi
- Net Çalışma Sermayesi
- Sürekli Çalışma Sermayesi
- Değişken Çalışma Sermayesi

1.6.1.1. Brüt Çalışma Sermayesi

Brüt ve net çalışma sermayesi, çalışma sermayesi kavramları içerisinde en çok bilinenlerdir. Bu iki kavram da finansal tablolar üzerinden elde edilmektedir. Brüt çalışma sermayesi dönen varlıkların toplamından oluşmaktadır (Aksoy ve Yalçıner, 2013; 19). Dönen varlıklar en önemli üç farklı hesaptan meydana gelmektedir. Bunlar; hazır değerler, stok ve alacak hesaplarıdır.

Hazır değerler nakit ve nakit benzeri varlıkların toplandığı hesaplar olup nakit hareketlerinin merkez noktasıdır. Stoklar; ticari mal, hammadde, yarı mamul ve mamul hesaplarından oluşmaktadır. Elde edilen fonlar harcanarak üretim veya ticari faaliyet için bu hesaplardaki unsurlara dönüştürülmektedir. Alacaklar hesabı ise vadeli satışlar sonrası ortaya çıkan senetli ya da senetsiz alacakların takip edil diği hesaplardır.

1.6.1.2. Net Çalışma Sermayesi

Net çalışma sermayesi, dönen varlıklardan kısa vadeli borçları çıkardıktan sonra kalandır. Firma ortaklarında kar beklentisi yüksek ise buna bağlı olarak bu farkın mümkün olduğunca az olması istenmektedir (Aksoy, 1993; 34). Ancak düşük net çalışma sermayesi beraberinde likidite sorununu da ortaya çıkarmaktadır. Net çalışma sermayesi yönetiminde likidite ve karlılık arasında optimum bir yapının oluşturulması uygun olacaktır.

1.6.1.3. Sürekli Çalışma Sermayesi

Çalışma sermayesinin daha az likit olan kısmıdır. Çalışma sermaye yapısı içerisinde nakit dönüşümü gerçekleştirilirken nakit giriş ve çıkış sürelerinin uyumu arttıkça firma, daha az sermaye ihtiyacı duyar ve elde ettiği nakit varlıkların bir kısmını likiditesi yüksek yatırımlara dönüştürerek karlılıklarını arttırabilir. Çalışma sermayesinin bu durağan yapısına sürekli çalışma sermayesi denilmektedir (Aksoy ve Yalçıner, 2013; 20).

1.6.1.4. Değişken Çalışma Sermayesi

Nakit giriş ve çıkışları arası zamanlamada oluşan uyumsuzluklar likidite riskini ortaya çıkarır. Bu likidite riskine bağlı olarak çalışma sermayesinde düzensiz artış ve azalışlar görülmektedir. Bu tür yapılar tarım alanında mevsimsel değişikliklerin yaşandığı dönemlerde daha fazla gözlemlenmektedir (Aksoy ve Yalçıner, 2013; 21).

1.6.2. Çalışma Sermayesi Unsurlarının Yönetimi

Çalışma sermayesi unsurları Şekil 7'de gösterildiği gibi bilançonun dönen varlıkları ve kısa vadeli yabancı kaynaklarından oluşmaktadır.

- Hazır Değerler
- Stok
- Alacak

Tanımlanan bu unsurların yönetim çabası ve yönetim başarısı çalışma sermayesi, yönetim başarısı olarak ortaya çıkacaktır. Buna bağlı olarak belirtilen bu dört unsurun yönetim sistematiği ayrı ayrı ele alınacaktır.

1.6.2.1. Hazır Değerler (Nakit Yönetimi) Yönetimi

Çalışma sermayesi içerisinde likit varlıkların seviyesinin tespiti bu varlıkların dönüşüm hızına bağlı olarak oldukça zordur. Firma likidite problemi yaşamamak ve borçlarını rahat ödeyebilmek için bir miktar nakdi serbest olarak kasada veya vadesiz mevduat hesabında tutar. Ancak serbest tutulan yani yatırıma yönlendirilmemiş her bir nakit, kazanç getirmemesinden dolayı alternatif maliyet üretecektir. Firmanın ne kadar nakit bulundurması ile ilgili temelde iki model vardır (Akgüç, 1994; 243);

- Baumol Modeli
- Miller-Orr Modeli

1.6.2.1.1. Baumol Modeli

Bu modele göre nakit giriş ve çıkışları doğrusal bir fonksiyona sahiptir ve deterministtik hareket ederler. Bu kabule göre optimum nakit seviyesi formül (18)'de gösterildiği gibidir (Okka, 2009; 638).

$$\text{ONS}=\frac{\sqrt{\frac{2\,b\,T}{i}}}{2} \quad (18)$$

b: Nakit elde etme maliyeti

T: Yıllık nakit ihtiyacı

İ: Yıllık alternatif maliyet oranı

ONS: Optimum nakit seviyesi

Ancak oluşturulan bu modele en önemli eleştiri nakit giriş ve çıkışlarının kabul edildiği gibi deterministtik olmamasıdır. Buna bağlı olarak da kullanışlı bir model değildir.

1.6.2.1.2. Miller-Orr Modeli

Baumol modeline olan eleştirileri ortadan kaldırmasından dolayı önemli ve finansal literatürde daha çok kabul görmüş bir modeldir. Modelin varsayımlarında nakit giriş ve çıkışlarını tam olarak tahmin etmek zordur. Tam bir nakit seviyesi hesaplamak yerine elde tutulacak nakdin alt ve üst sınırlarını belirleyerek nakdin bu sınırlar içerisinde serbest kalmasını önerir. Alt veya üst sınır dışına çıkıldığında fazla olan nakit dönüm noktası (Z) seviyesince yatırıma yönlendirilir. Eksik nakit durumunda da Z noktasınca nakit temin edilerek firmanın likidite sorunu yaşaması engellenir. Oluşturulan modelin formülü (19)'da gösterilmiştir (Aksoy, 1993; 220):

$$Z = \sqrt[3]{\frac{3\times D\times\sigma^2}{4\times i}} + \text{L} \quad (19)$$

Z: Dönüm noktası

D: Nakit elde etme maliyeti

σ : Dönemsel nakit girişlerinin standart sapması

İ: Alternatif maliyet oranı

L: Minimum nakit seviyesi

Modelin ayrıca nakit üst seviyesinin tespiti için formül (20) kullanılır.

$$H = 3Z + 2L \quad (20)$$

H: Nakit üst limiti

1.6.2.2. Stok Yönetimi

Stok bulundurmanın müşteri taleplerinin anlık karşılanması ya da üretimin durmaması açısından yararları olduğu gibi stokta bulunan ürünlerin yok olması, çalınması, demode olması vb. gibi birçok maliyet oluşturan olumsuz yönleri de vardır. Buna bağlı olarak stokların optimal yapısının hesaplanmasında formül (21) kullanılmaktadır (Aksoy, 1993; 288)

$$Q = \sqrt{\frac{2x\dot{I}xMs}{Mb}}$$

Q: Ekonomik sipariş miktarı

İ: Yıllık mal ihtiyacı

Ms: Sipariş verme maliyeti

Mb: Birim stok maliyeti

Oluşturulan bu modele göre firma her seferde Q kadar sipariş verecek ve stokta bulunan mal miktarı en fazla Q kadar olacaktır. Stok seviyesi zamanla azalacak ve tekrar sipariş verilecektir. Ekonomik sipariş miktarı sipariş maliyeti ile doğru orantılı iken birim stok maliyeti ile ters orantılıdır. Birim stok maliyetleri azaldıkça Q artmakta, sipariş maliyetleri arttıkça Q azalmaktadır.

1.6.2.3. Alacak Yönetimi

Piyasa rekabet koşullarına bağlı olarak firmalar satışlarının tamamını nakit olarak yapamamaktadırlar. Firmalar vadeli gerçekleşen satışlara bağlı olarak vade süresince ek fon ihtiyacı duyacaklardır. Yöneticiler tarafından rekabet koşulları ve sermaye maliyeti arasında optimum bir seviyenin oluşturulması gerekmektedir. Alacak hesabının seviyesini temel olarak iki unsur belirlemektedir. Bunlar; günlük kredili satışlar toplamı ve ortalama tahsilat süresidir (Ercan ve Ban, 2006; 294).

Alacak Hesabı= Günlük Kredili Satışlar x Ortalama Tahsilat Süresi

Oluşan bu yapıya göre firma kredili satış politikalarını ve tahsilat politikalarını iyi tespit etmelidir. Kredili satış politikalarında müşterilerin derecelendirilmesi oldukça sık kullanılan bir stratejidir. Ayrıca ortalama tahsilat süresinin azaltılmasında peşin iskonto yöntemi de alacak hesabının kontrolünde sık kullanılan bir yöntemdir.

II. Bölüm

Tarım İşletmelerinin Finansmanı

Tarımsal faaliyetler, tüketiciler açısından gıda arzı ve sanayi işletmeleri açısından hammadde kaynağı sağlayan sektör olarak tanımlanmaktadır. İster gıda, ister hammadde arz kaynağı olarak düşünüldüğünde tarım sektörünün önemi, kolaylıkla anlaşılmaktadır. Özellikle son dönemlerde yaşanan başta kırmızı et olmak üzere diğer bitkisel gıda ürünlerinde yaşanan fiyat volatilitesi birçok kişinin tepkisini çekmiş ve devlet ithalat ve diğer fiyat müdahalelerini yapmak zorunda kalmıştır. Tarımsal ürünlerin volatilitesi üzerinde birçok farklı faktör bulunabilir. Ancak tarımsal ürünlerin arzında yaşanacak değişiklikler tüm ekonomik tarafları etkileyecektir. Daha stabil bir ekonomik yapı için tarım arzının da stabil bir yapıya kavuşturulması gereklidir.

Tarımsal ürün arzını oluşturan işletmeler aynı diğer işletmelerin üretimde kullandıkları faktörleri kullanmaktadır. Buna göre tarım işletmeleri de diğer işletmeler gibi hammadde, emek, sermaye ve girişimci faktörlerinin en uygun şekilde bir araya getirilmesi ile üretim gerçekleştirmekte ve tarımsal ürün arzını oluşturmaktadırlar. Tarımsal ürün arzının gerçekleştirilmesinde belirtilen üretim faktörlerinin bir araya getirilmesi ve optimize edilmesi finansman, üretim, yönetim, muhasebe ve pazarlama problemlerini ortaya çıkarmaktadır. Tespit edilen bu yapıya bağlı olarak tarım işletmelerinin diğer üretim işletmelerinden farklılığı bulunmamaktadır.

Tarım işletmelerinde finansal yönetim fonksiyonu, üretimin ilk planlandığı fikir aşamasından başlayıp alacakların tahsiline ve hatta daha sonraki evrelerine kadar birçok aşamada ortaya çıkmaktadır. Tarımsal üretimim planlama aşamasında üretimine karar verilen ürün için gerekli fonların temini, risklerin tespit edilmesi, üretim aşamasında çalışma sermayesinin yönetimi ve alacakların tahsilatı gibi birçok unsurda finansal kararların alınması, tarım faaliyetlerinde finansal yönetimin sistematik bir şekilde yerine getirilmesi gerekliliğini ortaya koymaktadır.

Tarımsal işletmelerin üretim faktörleri özellikleri açısından diğer üretim işletmelere olan büyük benzerlik belirtilmiş olsa da tarım işletmeleri, özellikle maruz kaldıkları riskler ve ekonomik büyüklükler açısından diğer sanayi işletmelerinden ayrışmaktadır. Tarım işletmeleri diğer sanayi işletmeleri gibi enflasyon, politik, kur vb. sistematik risklere maruz kalırken, tarımın doğasından kaynaklanan iklim ve değişken doğal kaynak risklerine de maruz kalmaktadır. Özellikle iklim riskleri tarım işletmeleri tarafından yönetilmesi gereken çok büyük bir risk unsurudur. Tarımsal faaliyetlerde bu özelliklerine bağlı olarak diğer üretim işletmelerinden daha fazla risk yönetimi çabası gerekmektedir.

Ayrıca çoğu tarımsal işletmelerde diğer sanayi işletmelerinde olduğu gibi sürekli ve kitle üretimi bulunmamaktadır. Tarımın içerisindeki hayvancılık faaliyetlerinin bir kısmında (süt ve beyaz et üretimi) kitle üretimi gözlemlenmektedir. Ancak diğer tarım işletmeleri çoğunlukla yılda bir defa ürün elde etmektedirler. Tarım işletmelerinin faaliyet devir hızının bu düşüklüğü de beraberinde büyük finansal problemleri beraberinde ortaya çıkarmaktadır. Yılda bir ya da iki olan faaliyet devir hızına bağlı olarak nakit dönüşüm süreleri de oldukça uzun olabilmektedir. Özellikle çalışma sermayesinin yönetimini zorlayan bu durum çiftçiler tarafından çözümlenmesi gereken önemli finansal bir sorundur. Ayrıca üretimine karar verilen ürünün biyolojik evreleri başladıktan sonra çiftçinin talep değişimlerine karşı arzında değişiklik yapma şansı bulunmamaktadır. Çiftçilerin arz esnekliklerinin oldukça düşük olmasına bağlı olarak ürünlerin fiyatlandırılmasında da büyük sorunlar yaşamaktadırlar.

Tespit edilen ekonomik ve finansal bu sorunların çözümüne yardımcı olabilmek amacı ile tarım işletmelerinin finansal yapılarının incelenmesi gerekmektedir. Böylece tarım işletmelerinin finansal yapılarına bağlı sorunların bir kısmına çözüm önerileri getirilebilecektir.

2.1. Tarım İşletmeleri

Tarım işletmesinin tanımın yapılabilmesi için tarımsal faaliyetleri incelemek gerekmektedir. Tarım faaliyetleri içerisinde otlaklarda hayvancılık yapan çiftçilerden, toprakta bitkisel üretim yapan çiftçilere, balık çiftliklerinde yetiştiricilik yapandan, denizde balık avlayanlara, hatta topraksız bitki yetiştiricilerinden, sadece kapalı alanda hayvancılık yapan çiftçilere kadar oldukça geniş bir faaliyet alanı ortaya çıkmaktadır. Bu geniş faaliyet yapısı içinde oldukça farklı tarımsal işletme tanımı yapılabilir. Ancak Tarım Kanununa göre tarımsal işletme tanımı şu şeklide yapılmaktadır; "üretim faktörlerini kullanarak; bitkisel ve/veya hayvansal ve/veya su ürünlerinin üretimi için tarımsal faaliyet yapan veya söz konusu tarımsal faaliyete ilave olarak işletme, depolama, muhafaza ve pazarlamaya yönelik faaliyetlerde bulunan işletmeyi ifade eder" (Tarım Kanunu, M. 3).

Tarım Kanununda yapılan bu tanımlamaya göre tarımsal üretim yapmayıp, tarımsal ürünler üzerinden farklı ürünler üreten sanayi işletmeleri de tarım işletmesi olarak tanımlanmaktadır.

Ancak Türkiye İstatistik Kurumu (TÜİK), tarım işletmeleri tanımını şu şekilde yapmaktadır; "Yasal durumu ne olursa olsun, sahip olduğu, ortakçılık, yarıcılık ya da kiralama şeklinde işlediği arazinin büyüklüğüne bakılmaksızın kendi adına bitkisel üretim ya da küçükbaş veya büyükbaş hayvan besleyen yahut hem bitkisel üretim hem hayvancılık yapan tek yönetim altındaki ekonomik birimdir..." (TÜİK, 2008). TÜİK yaptığı bu tanımla ile Tarım Kanununda bulunan geniş yapıyı biraz daha daraltmaktadır. Daha yalın bir tanımlama yapmak gerekirse tarım işletmesi, genel anlamda tarımsal üretim faaliyetinde bulunan ekonomik birimdir. Bu tanıma göre, tarımsal faaliyetler ise şu şekilde sıralanabilir (Çetin, 2014; 6);

a) Bitkisel üretim

b) Hayvansal üretim

c) Tarım ürünleri teknolojisi olarak üç ana dala ayrılabilir.

Avrupa Birliği (AB) içerisinde tarımsal işletmelerin sınıflandırılmasında tarım işletmesinin elde ettiği hasılayı dikkate alan bir sınıflama sistemi olan ESU (European Size Unit) kullanılmaktadır. Standart Brüt Kar'ları tespit edilen işletmeler, ekonomik büyüklüklerinin belirlenmesi amacıyla sabit bir sayı olan ESU değerine bölünürler. ESU değeri, AVRO (€) cinsinden tanımlanan sabit bir sayıdır. Günümüzde 1 ESU standart olarak 1200 € hesaplanmaktadır (Eurostat, 2017). AB içerisinde tarım işletmelerinin sınıflandırılmasında işletmelerin esas faaliyet konularına göre tipolojik sistemler de kullanılmaktadır. Bu sınıflandırma içinde öncelikle 9 ana faaliyet, ikinci aşamada 17 alt faaliyet, üçüncü aşamada 17 alt faaliyet ve özel faaliyet alanlarına bağlı olarak tarım işletmeleri 50 farklı faaliyet grubuna ayrılmıştır (Nazlı, 2006; 19).

Türkiye'de en son 2006 yılında gerçekleştirilen tarım işletmeleri araştırma raporunda da 8 farklı ihtisaslaşma grupları oluşturulmuştur. Türkiye'de tarım işletmelerinin ihtisaslaşma grupları ve toplam tarım işletmeleri içindeki ağılığı Tablo 2'de gösterilmiştir.

Tablo 2: Türkiye'de Tarım İşletme Grupları

P1: Uzmanlaşmış tarla ürünleri yetiştiriciliği	25,7
P2: Uzmanlaşmış bahçecilik (sebze ve çiçek)	1,0
P3: Uzmanlaşmış uzun ömürlü bitki yetiştiriciliği	19,8
P4: Uzmanlaşmış otlayan hayvan yetiştiriciliği (büyükbaş ve küçükbaş hayvanlar)	16,7
P5: Uzmanlaşmış tek mideli hayvan yetiştiriciliği	0,1
P6: Karışık bitkisel ürün yetiştiriciliği	9,1
P7: Karışık hayvan yetiştiriciliği	6,1
P8: Karışık bitkisel ürün ve hayvan yetiştiriciliği	21,7

Kaynak: TÜİK, 2008

Tablo 2'de elde edilen verilere göre Türkiye'deki işletmelerin %25,7'lik kısmı sadece tarla bitkileri üretimi gerçekleştirmekte, %16,7'lik kısmı sadece hayvancılık yapmakta ve %21,7'lik kısmı ise hem hayvancılık hem de bitki yetiştiriciliği yapaktadır. Ayrıca meyve yetiştiriciliği de %19,8 oranı ile oldukça büyük bir orana sahiptir. Diğer faaliyet oranları ise oldukça düşük seviyelerdedir. Yapılan tespitlere göre Türkiye'de tarım faaliyetleri çoğunlukla tarla ve bahçe bitkileri yetiştiriciliğinde yoğunlaşmış, hayvancılık faaliyetleri ise bu faaliyetlerin ardından yerini almıştır. Tablo 3'de ise bu çiftçilerin sahip oldukları arazi büyüklüklerine göre gerçekleştirdikleri faaliyetler görülmektedir.

Tablo 3: Çiftçilerin Sahip Oldukları Arazi ve Faaliyet Yapıları

İşletme büyüklüğü (dekar)	Toplam	Ekilen tarla arazisi	Nadas	Sebze ve çiçek	Meyve	Tarıma elverişli olup kullanılmayan arazi	Daimi çayır arazisi	Otlak (mera) arazisi	Koruluk ve orman arazisi	Tarıma elverişsiz arazi
Türkiye										
Toplam- Total	**100,0**	69,7	13,3	1,7	9,4	1,3	2,5	0,4	0,4	1,3
-5	**100,0**	33,1	2,9	11,2	48,1	1,0	0,9	0,2	0,5	2,0
5- 9	**100,0**	36,1	3,3	5,1	49,7	1,2	2,2	0,3	0,8	1,2
10- 19	**100,0**	46,9	4,7	3,5	39,1	2,1	1,7	0,5	0,7	0,8
20- 49	**100,0**	58,9	7,6	2,6	24,4	1,9	2,2	0,3	0,8	1,0
50- 99	**100,0**	66,6	11,7	1,8	13,7	1,9	2,4	0,4	0,5	0,8
100- 199	**100,0**	74,0	13,1	1,5	5,6	1,1	2,9	0,2	0,3	1,2
200- 499	**100,0**	75,0	16,5	1,3	3,0	0,7	2,1	0,4	0,2	0,7
500- 999	**100,0**	76,0	16,7	1,4	1,6	1,7	1,6	0,5	0,1	0,4
1000-2499	**100,0**	76,5	16,9	1,3	2,1	0,1	1,1	0,2	0,0	1,8
2500-4999	**100,0**	71,0	14,1	0,5	7,0	0,2	0,4	0,1	0,1	6,5
5000+	**100,0**	43,8	13,2	1,9	2,9	2,0	18,4	4,7	0,9	12,0

Kaynak: TÜİK, 2008

Tablo 3'ten elde edilen verilere göre Türkiye'deki arazilerin %67'si ekilen tarla, %13,3'ü nadas, %9,4'ü ise bahçelerden oluşmaktadır. Diğer faaliyetlerin oranları oldukça düşüktür. Bu arazi yapısında özellikle otlak ve meraların %0,4'lük oranı oldukça düşük seviyededir.

2.1.1. Tarım İşletmelerinin Finansal Özellikleri

Tarım işletmeleri üretim faaliyeti gerçekleştirdiği için genel olarak üretim işletmelerinin yapısına oldukça benzerlik gösterir. Ancak gerçekleştirilen faaliyetin içerisinde doğal koşulları ve diğer unsurların bulunması ile tarım işletmelerinin finansal özellikleri diğer işletmelerde ayrışmaktadır. Tarım işletmeleri finansal yapılarını diğer işletmelerden ayıran temel özellikler şunlardır (Çetin, 2014; 14);

- Tarım işletmelerinin küçük ölçekli olması
- Nakit devir hızlarının düşük olması
- Üretimin doğal koşullara bağlı olması
- Yüksek duran varlık yapısına olan ihtiyaç
- Diğer sübjektif özellikler

2.1.1.1. Tarım İşletmelerinin Küçük Ölçekli Olması

Türkiye'de tarım işletmelerinin %78,9'u 100 dekarın altında bir arazide faaliyet göstermektedir. Aynı zamanda tarım işletmelerinin %99'u küçük aile işletmesi durumundadır (TÜİK, 2008). Türkiye'deki tarım işletmelerinin bu yapısına bağlı olarak tarım işletmelerinin büyük sermaye yapılarına sahip olması beklenen bir durum değildir. Tarım işletmelerinin küçük boyutlu olmaları, gerçekleştirdikleri faaliyetin sermaye artırımına yetmeyeceğinin, sadece aile geçimini sağlayacak kadar olacağının da bir göstergesidir. Bu işletmelerin fon ihtiyacı ortaya çıktığında ölçek olarak diğer büyük işletmelerle aynı fon maliyetleri ile fon bulamamaları da büyük bir olasılık olarak karşımıza çıkmaktadır (Çetin, 2014; 14).

2.1.1.2. Nakit Devir Hızlarının Düşük Olması

Tarımsal faaliyetlerinin diğer üretim yapılarından ayıran en önemli özelliği tarımsal üretimin doğaya bağımlı olmasıdır. Doğanın ise engellenemez ve değiştirilemez mevsimsel döngüsü vardır. Tarımsal üretim bu mevsimsel döngü içerisinde işlevini gerçekleştireceği için değiştirilemez bir üretim takvimine sahiptir. Bitkisel temelli tarım üretimi özellikle bahçecilik faaliyetleri yılda bir defa üretim gerçekleştirirken Çukurova gibi mevsimsel etkilerin uygun olduğu yerlerde kısa ömürlü tarla bitkileri yılda iki defa yetiştirilebilmektedir. Hayvancılık faaliyetinde bu oran biraz daha yükselse de diğer sanayi işletmelerinin üretim ve nakit dönüşüm hızına yetişemez.

Nakit devir hızının düşüklüğü ilk olarak işletmenin çalışma sermayesi ihtiyacını arttıracaktır. Üretime aktarılan sermayenin geri dönme süresi uzadıkça kullanılan sermayenin miktarı ve maliyetleri paranın zaman değerine bağlı olarak artacaktır. Çiftçilerin bu büyük finansal sorunu çözmek için üretim süresince nakit girişi sağlayan diğer faaliyetlere yönelmesi oldukça mantıklıdır. Bitkisel üretimden kaynaklanan çalışma sermayesi sorunu nakit devir hızı göreceli daha düşük olan hayvancılık faaliyetleri ile çözülmeye çalışılmaktadır. Özellikle süt üretiminin üzerinde mevsimsel etkilerin az olması ve sürekli üretimin gerçekleştirilebilmesine bağlı olarak çiftçiler düzenli nakit akışını sağlayabilmektedir. Bu finansal yapıya bağlı olarak Türkiye'de bulunan çiftçilerin bitkisel ve hayvansal üretimi neden beraber sürdürdüklerini açıklamaktadır.

2.1.1.3. Üretimin Doğal Koşullara Bağlı Olması

Bir önceki konuda belirtildiği gibi tarım işletmeleri mevsimsel olaylardan doğrudan etkilenmektedirler. Mevsimsel etkiler işletmenin çalışma sermaye yapısını etkilemekle birlikte diğer finansal sorunları da beraberinde ortaya çıkarmaktadır. Tarımsal üretim üzerinde mevsimsel yapıya bağlı en büyük sorunlardan birisi iklim riskleridir. İklim koşullarında oluşan en düşük değişiklikler bile tarımsal üretimin kalitesi ve miktarı üzerinde büyük etkiler meydana getirmektedir. İklim risklerine karşılık koruma tedbirleri çiftçi üzerinde ek finansal maliyetlere neden olmakta ya da tedbirler alınmazsa bu risklere bağlı olarak elde edilecek nakit girişinin miktarı önemli derecede azalabilmektedir.

Tarımsal üretimde finansal maliyetleri etkileyen diğer doğal olaylar ise çeşitli biyolojik ve kimyasal zararlılardan kaynaklanan kayıplardır. Bu zararlılarla yapılacak mücadele işletmenin çalışma sermaye ihtiyacını arttırmaktadır.

Tarımsal üretimin doğadan kaynaklanan diğer bir finansal sorunu ise üretimin arz esnekliğinden kaynaklanan fiyat hareketlilikleridir. Özellikle bitkisel üretim işlevinde tarımsal faaliyete başlandığında üretim sürecinde arzın azaltılması ya da arttırılması için çok fazla seçenek yoktur. Ayrıca ürünün elde edilmesi için biyolojik takvimin takip edilmesi zorunluluktur. Biyolojik takvime göre üretim gerçekleştiğinde tüm çiftçiler ürünlerini arz etmektedir. Arzda kaynaklanan bu ani artış sonucunda tarımsal ürün fiyatlarında önemli derecede volatiliteyi ortaya çıkarmaktadır.

2.1.1.4. Yüksek Duran Varlık Yapısına Olan İhtiyaç

Özellikle bitkisel üretim için çiftçilerin büyük miktarda duran varlık yapısına ihtiyacı vardır. Ekim yapılabilmesi için öncelikle verimli arazilere ve bu arazileri işleyebilmek için ise oldukça pahalı zirai donanımlara ihtiyaç duyulmaktadır. Çiftçiler zirai donanım ihtiyaçlarını kiralama yolu giderirken gerekli arazinin temini ise çoğunlukla çiftçinin kendi öz kaynaklarından oluşmaktadır. Günümüzde gayrimenkul fiyatlarının artması ile arazilerin satın alınması ya da kiralanması oldukça yüksek maliyetler ortaya çıkarmaktadır. Çiftçilerin bu büyük sermaye ihtiyacını karşılaması için çalışma sermayesi dışında oldukça büyük miktarlarda öz kaynak ve uzun vadeli yabancı kaynaklar bulması gerekmektedir. Bu tür fon kaynaklarının temini de ayrıca yönetilmesi gereken önemli bir finansal sorundur.

2.1.1.5. Diğer Sübjektif Özellikler

Tarım faaliyetinde bulunan kişilerin kendi davranış yapılarına göre finansal yönetim anlayışları ve sorunlara yaklaşımları diğer sanayi işletmeleri yöneticilerinden farklı olmaktadır. Türkiye'deki çiftçilerin finansal davranışlarının genel özellikleri şu şekilde tanımlanmaktadır (Çetin, 2014; 19):

- Çiftçilerin düzenli kredi ve diğer finansal işlemlerden uzak kalmalarından dolayı yerleşik finansal alışkanlıkları bulunmamaktadır.
- Türkiye'deki çiftçiler, sahip oldukları gelenek, örf ve adetlere bağlı olarak banka ve diğer finansal işlemlerden uzak durmaktadır. Özellikle İslam inancına göre faizin haram (yasak) olması çiftçilerin finansal piyasalardan uzaklaşmasını sağlamaktadır.
- Çiftçilerin ekonomik ve finansal eğitim almamaları, finansal araçların kullanımında isteksiz davranmalarına neden olmaktadır.

Belirtilen bu gerekçelere bağlı olarak çiftçiler çoğunlukla kendi sahip oldukları öz kaynaklarla kendilerini finanse etmektedir. Öz kaynak ağırlıklı finansman yapısına bağlı olarak çiftçiler finansal kaldıraç etkisinden mahrum kalacakları için sahip oldukları değerin efektif artışını da sağlayamamaktadırlar.

2.2. Tarım İşletmelerinde Muhasebe Kavramı

Analitik finansal yönetimin ilk ihtiyaç duyduğu unsur geçmiş dönem verileridir. Finansal planlama ve yatırımların verimliliğinin denetlenmesi için önemli miktarda doğru bilgiye ihtiyaç vardır. İşletmeler için bu verilerin en temel kaynağı muhasebe kayıtlarıdır. Tarım işletmeleri için de bu durum farklılık göstermeyecektir. Ancak daha önceki bölümde belirtildiği gibi Türkiye'de tarım işletmelerinin büyük bölümü küçük işletmelerden oluşmaktadır. Ayrıca Tablo 4'te gösterildiği gibi bu işletmelerin çok büyük kısmı aile işletmelerinden oluşmaktadır.

Tablo 4: Türkiye'de Hukuki Yapılarına Göre Tarım İşletme Türleri

İşletme Türü	İşletme Sayısı	İşlenen Arazi (Dekar)
Aile İşletmesi	3 069 535	179 987 962
Ortaklıklar	6 691	1 027 893
Diğer	423	3 332 370
Toplam	3 076 649	184 348 224

Kaynak: TÜİK, 2008

Tüm tarımsal işletmeleri içerisinde ortaklıkların sayısı oldukça düşük seviyelerdedir. Oluşan bu hukuki yapıya bağlı olarak muhasebe kaydı tutma alışkanlıkları da farklılaşmaktadır. Türkiye'de tarımsal faaliyetlerin ölçülmesi, planlanması, desteklenmesi ve yeniden yapılandırılması için yoğun istatistiksel verilere ihtiyaç duyulmaktadır. İhtiyaç duyulan verilerin TARSEY (Tarım Sektörü Entegre Yönetim Bilgi Sistemi) tarafından toplanması ve raporlanması planlanmıştır. TARSEY veri ağının önemli bir kısmını ise taşra teşkilatlarında organize olmuş Tarım Müdürlükleri oluşturmaktadır. Toplanan veriler Tarım Müdürlüklerinin iş yoğunluğunu arttırmasından dolayı sağlıklı veri toplanamamış ve bu projeden 2016 yılında vazgeçilmiştir. Ayrıca AB(Avrupa Birliği) tarım ve kırsal kalkınma faslı doğrultusunda AB içerisinde uygulanan ÇMVA (Çiftlik Muhasebe Veri Ağı) Türkiye'de de uygulanmaya başlanmış, ancak sistem genel bir muhasebe ağı değil; istatistiki anlamda örnek kütleye bağlı olarak ana kütlenin ekonomik analizlerini yapmak için oluşturulmuş bir sistemdir.

Dünyada ve Türkiye'de tarımsal faaliyetlerinin muhasebe kayıt sistemlerinin geliştirilmesi adına birçok çalışma yapılmıştır. Yapılan bu çalışmaların bir kısmı kronolojik olarak aşağıda kısaca özetlenmiştir:

Göktolga ve Karacier (1999) AB içerisinde uygulanan tarım muhasebe veri ağını (FADN) incelemiş ve bu sistemin Türkiye'de olmamasından dolayı tarım politikalarının doğru yönetilemediğini savunmuştur. Türkiye'nin FADN benzeri bir sistemi ivedilikle kurması gerektiğini önermiştir.

TMSK (2006) Türkiye Muhasebe Standartları Kurumu uluslararası gelişmelere bağlı olarak TMS (Türkiye Muhasebe Standartları) yayınlamış ve sektörün özel yapısına bağlı olarak TMS 41 standardını yayınlamıştır.

Murat Arslan (2008) AB içerisinde kullanılan FADN sisteminin karşılığı olan ÇMVA (Çiftlik Muhasebe Veri Ağı) sisteminin Türkiye'de uygulanabilirliğini incelemiştir. Yapılan çalışmada tarım politikalarında önem taşıyacak bilgilere ulaşılabilmesi için çok dikkatli bir şekilde örnek kütlenin seçilmesi sorununa dikkat çekmiştir. Örneklem konusunda istatistiki çalışmaların yetersizliğine bağlı olarak 2008 yılında örneklem kütle profesyonel görüşüne bağlı olarak tespit edilmiştir. Buna bağlı olarak gelen verilerin geneli temsil etme sorununu ortaya koymaktadır. Arslan'ın çalışması örnek kütle seçiminin devlet tarafından değil de özel profesyonel firmalarca yapılması gerekliliği ortaya çıkarmaktadır.

Cihan Nazlı (2008) gerçekleştirdiği çalışmada Türkiye'de başlamış olan ÇMVA sisteminin alt yapısını incelemiştir. Gerekli verilere ulaşabilmek ve ÇMVA sisteminin devamlılığı sağlamak için büyük ekonomik ve insan kaynağına ihtiyaç olduğunu tespit etmiştir. Türkiye'de tarım işletmelerin özellikle vergi yapısı doğrultusunda muhasebe kaydı yapma alışkanlıklarının olmaması, veriyi toplayacak organizasyon yapısının olmaması, veri toplayacak kişilerin ihtisas yapmamış olmaları ve maliyetler sistemin en büyük çıkmazı olarak belirtilmektedir. Bu sorunların aşılması için Bakanlığın ÇMVA için özel bir organizasyon oluşturması ve bu organizasyon içerisinde diğer kuruluşların da bulunması gerekliliğini önermektedir. Ayrıca çiftçilerin muhasebe kaydı tutmalarının özendirilmesi için çeşitli teşvik sistemlerinin geliştirilmesi gerektiği de önerilmektedir.

Tokay ve Deran (2011) meyve bahçelerinin maliyet yönetimi üzerine yaptıkları çalışmalarında tarım işletmelerinde muhasebe sisteminin yönetim açısından çok önemli olduğunu belirtmişler ve tarım işletmeleri için özel bir gelir tablosu oluşturmuşlardır.

Hacı Arif Tunçez (2011) gerçekleştirdiği doktora tezinde tarım işletmelerinin vergi çekinceleri doğrultusunda muhasebe kayıtları tutmadıklarını, ancak tutulmayan muhasebe kayıtları işletme yönetimi ve tarım politikaları açısından büyük sorunlar oluşturduğunu belirtmektedir. Ayrıca tarım muhasebesi konusunda Tek Düzen Muhasebe sisteminin diğer sitemler göre avantajlı olduğunu önermektedir.

Yusuf Çelik (2014) tarım işletmeleri için geliştirilmiş üç farklı muhasebe sistemini olan "Laur, ÇMVA ve Tek Düzen Muhasebe Sistemi" sistemlerini karşılaştırmıştır. Laur sisteminin sadece ekonometrik çalışmalar için, ÇMVA sisteminin Gıda Tarım ve Hayvancılık Bakanlığının politika geliştirmesinde ve Tek Düzen Muhasebe sisteminin vergi açısından faydalı olacağını belirtmiş, fakat bu üç sistemin birbiriyle uyumlu hale getirilebileceğini ve bunun gerekli olduğunu dile getirmiştir.

TARSEY (2015) Tarım Sektörü Entegre Yönetim Bilgi Sistemi (TARSEY) tarım sektörünü ilgilendiren tüm verileri toplayan, düzenleyen ve raporlayan Gıda Tarım ve Hayvancılık Bakanlığının bir alt birimidir. Bu yapısı gereği

ÇMVA sisteminin koordinasyonu da TARSEY'e aittir. TARSEY 2008 yılında 367 çiftçi ile başladığı sistemde 2015 yılı içerisinde 6000 çiftçiden veri almaktadır. ÇMVA'nın amacı kamunun tarım politikası stratejileri geliştirmesinde gerekli istatistiki veriyi üretmesidir. Sisteme dahil olan çiftçiler gönüllülük esasına bağlı olarak verileri sunmaktadırlar. Gerçekleştirilen muhasebe kayıtları, vergi açısından bir değeri olmayan veriler olup Maliye Bakanlığı ile paylaşılmamaktadır. Ayrıca sisteme dahil olan işletmeler yıllara göre artan teşvik ödemesi de almaktadırlar. Verilerin toplanmasında istatistiki yollarla örnek kütle tespit edilmekte ve veriler işlenerek ana kütle hakkında istatistiki anlamlı raporlar oluşturulmaya çalışılmaktadır. 2013 yılına kadar sistem organizasyonu tam oluşturulamadığı ve istatistiksel örnekleme planı olmadığından dolayı elde edilen sonuçların tam bir temsil yeteneği olmayabilir. Ancak 2014 yılından itibaren istatistiksel örneklem planı kurulduğundan dolayı temsil sorunu giderileceği düşünülmektedir. Ancak tüm çabalara rağmen TARSEY sistemi başarılı olamamış ve projeden vazgeçilmiştir.

2.2.1. Tarım Muhasebesi Kayıt Sistemleri

Finansal olayların kayıt altına alınmasında (muhasebe kayıtlarında) tek taraflı ya da çift taraflı muhasebe kayıt sistemi kullanılmaktadır (Akdoğan ve Sevilengül, 2000; 63). Tarım işletmeleri de bu iki kayıt sisteminden birini tercih edecektir. Türkiye'de küçük tarım işletmeleri genellikle tek taraflı muhasebe kayıt sistemini kullanırken, büyük tarım işletmeleri ise çift yönlü muhasebe kayıt sistemini kullanmaktadırlar (Tunçez, 2011; 26). Bu iki muhasebe yöntemi kısaca genel hatları ile açıklanacaktır.

2.2.1.1. Tek Taraflı Muhasebe Kayıt Yöntemi

Tarım işletmesinin sadece gelir ve giderlerinin kayıt altına alındığı en basit muhasebe kayıt sistemidir. Kayıtların basit olması açısından bu sistemi kullanacak kişilerin çok fazla bilgi sahibi olmasına gerek yoktur. Bu avantajından dolayı Türkiye'de küçük ve orta büyüklükteki tarım işletmeleri bu sistemi kullanmaktadır. Ancak tek taraflı muhasebe kaydı detaylı bilgiler vermemesinden dolayı işletmenin finansal yönetimine fazla yardımcı olamamaktadır (Çetin ve Tipi, 2016; 66).

Tek taraflı muhasebe kaydında Tablo 5'de gösterilen gelir-gider tablosunun kullanılması yeterlidir. Tablonun sol tarafı giderler kısmını oluştururken, tablonun sağ tarafı ise gelirleri oluşturmaktadır. Dönem sonunda gelir ve giderlerin arasındaki fark kar ya da zarar olarak hesaplanmaktadır.

2.2.1.2. Çift Taraflı Muhasebe Kayıt Yöntemi

Çift taraflı kayıt sisteminde işletmenin sahip olduğu kaynaklar kadar varlık sahip olabileceği ve işletmenin kaynakları ile varlıklarının birbirine eşit olma zorunluluğu kabul edilmektedir. Elde edilen bu denkliğe bağlı olarak bilanço denilen finansal tablo oluşturulmaktadır.

Varlıklar = Kaynaklar

İşletmenin sahip olduğu kaynaklar temelde dönen varlıklar ve duran varlıklar olmak üzere iki temel yapıdan meydana gelmektedir. Dönen varlıklar, işletmenin bir yılda nakde dönüştürmeyi düşündüğü ya da doğrudan nakit olan varlıklardan oluşmaktadır. Duran varlıklar ise işletmenin kısa vadede nakde dönüştürmeyi düşünmediği, işletmenin fiziksel yapısını oluşturan varlıklardan oluşmaktadır.

Kaynakların ise yabancı ve öz kaynaklar olmak üzere iki temel yapısı vardır. Yabancı kaynaklar işletmenin ticari ve kredi borçlardan elde ettiği kaynakları göstermektedir. Öz kaynaklar ise işletme ortakları tarafından işletmeye sağlanmış fon kaynaklarını göstermektedir.

Tablo 5: Tek Taraflı Muhasebe Sistemine Göre Kayıt Defteri

GİDERLER							GELİRLER						
Sıra No	Belge Tarih No	Açıklama	Ücret ve diğer giderler	Satın Alınan Mal	İndirilecek KDV	Toplam	Sıra No	Belge Tarih No	Açıklama	Ücret ve diğer gelirler	Satılan Mal	Hesaplanan KDV	Toplam
TOPLAM							TOPLAM						

Çift yönlü muhasebe sisteminde kayıt yapılması oldukça karmaşık olmasından dolayı, muhasebe eğitimi almış kişilerce muhasebe kayıtlarının gerçekleştirilmesi gerekmektedir. Ayrıca çift taraflı muhasebe sisteminde yevmiye defteri, büyük defter ve envanter defteri tutulması zorunludur (VUK, 187). Bu sebeple bu tür muhasebe kayıtları daha çok büyük işletmeler tarafından tutulmaktadır. Çift taraflı muhasebe kayıt sisteminin bu zorluklarına karşılık yöneticilere daha çok veri sağlaması açısından yöneticilerin karar alma süreçlerini kolaylaştırmaktadır. Türkiye'de çift taraflı muhasebe kayıtlarının gerçekleştirilmesinde TÜRMOB (Türkiye Serbest Muhasebeci Mali Müşavirler ve Yeminli Mali Müşavirler Odaları Birliği) 1994 yılında Türkiye Muhasebe ve Denetim Standartları Kurulu oluşturarak muhasebe kayıtlarının standartlar oluşturmuştur.

2.2.1.2.1. TMS-41 Tarımsal Faaliyet Muhasebe Kayıt Standardı

Tarımsal faaliyetlerin çoğunlukla biyolojik süreçler olmasından dolayı eldeki varlıklar zaman içerisinde sürekli değişkenlik göstermektedir. Varlıkların bu sürekli değişkenlik yapısı diğer işletme türlerinde karşılaşılmamasından dolayı önceki dönemlerde oluşturulmuş muhasebe kayıt sistemi tarım faaliyetleri için yeterli olmamaktadır. Buna bağlı olarak TMS-41'de diğer işletmelerin kullandığı muhasebe yapılarına ek olarak tarımsal faaliyetler için tanımlamalar ve standartlar oluşturulmuştur. TMS-41 oluşturulurken üç temel unsur üzerinde durmaktadır (TMS-41, 4):

- Canlı Varlıklar
- Tarımsal Ürün
- Hasattan Sonra İşlenme Sonucu Ortaya Çıkan Ürünler

Bu unsurların dışında kalan arazi ve zirai donanın gibi duran varlıklar diğer muhasebe kayıt standartları üzerinden kayıt altına alınacaktır. Tablo 6'da tarım faaliyetlerine göre düzenlenmiş çift yönlü muhasebe sisteminin bilanço yapısı gösterilmektedir

Tablo 6: Tarım Faaliyetlerine Uygun Bilanço Örneği

VARLIKLAR	KAYNAKLAR
DÖNEN VARLIKLAR	KVYK
A-NAKİT VE NAKİT BENZERİ VARLIKLAR	
B-STOKLAR	
İlk Madde ve Malz.	
Tarımsal Ürün	
Hasattan Sonra İşlen. Ürün.	
C-CANLI VARLIKLAR	
Canlı Hayvanlar	UVYK
Canlı Bitikiler	
DURAN VARLIKLAR	
A-CANLI VARLIKLAR	
Canlı Hayvanlar	
Canlı Bitikiler	Özkaynaklar
Birikmiş Amortisman.	
B-MADDİ DURAN VARLIKLAR	
Arazi ve Arsalar	
Binalar	
Tesis, Makine ve Cihaz.	
Taşıtlar	
Demirbaşlar	
Birikmiş Amortismanlar	
VARLIK TOPLAMI	KAYNAK TOPLAMI

Bilançoya bakıldığında canlı varlıklar hem duran varlıklar içerisinde hem de dönen varlıklar içerisinde yer almaktadır. Bu hesapların farklı yerlerde kayıt altına alınmasının nedeni canlı varlıkların likidite durumlarının farklılıklarıdır. Damızlık hayvanlar ve uzun süreli bitkiler (Ağaç vb.) duran varlık olarak tanımlanırken; satış amacı ile işletmede bulunan hayvanlar ve kısa süreli bitkiler, dönen varlık olarak tanımlanmışlardır (Parlakkaya ve Tunçez, 2011; 169).

2.3. Tarımsal Faaliyetlerinin Fon Kaynakları

Daha önceki bölümlerde anlatıldığı gibi Türkiye'de tarım faaliyetlerinde bulunan kişilerin finansal piyasalarla olan ilişkileri yüksek seviyelerde değildir. 2015 yılı KOP (Konya Ovası Projesi) bölgesi özelinde yapılan araştırmada da çiftçilerin büyük oranda özkaynak kullandıkları, yabancı kaynak olarak başlıca finansal olmayan unsurlardan fon temin ettikleri tespit edilmiştir. Finansal kurumlarda elde edilen fonlarda ise çoğunlukla kısa vadeli fonların kullanıldığı anlaşılmaktadır (Yalçınkaya, 2016; 325).

Çoğunlukla özkaynak kullanımı işletmeleri finansal risklerden korumakta, ancak finansal kaldıraç etkisini de ortadan kaldırmaktadır. Buna bağlı olarak çiftçiler istedikleri değer artışını sağlayamamakta ve genel ekonomik yapıya da istenen katkı sağlanamamaktadır.

2.3.1. Tarım Kredilerinin Ekonomik Büyümeye Etkisi

Geçmişte yapılan araştırmalara bakıldığında tarımsal kredilerin tarımsal ekonomik büyümeye etkisi bulunmaktadır. Bu etki gelişmekte olan ülkelerde daha yüksek iken gelişmiş ekonomilerde daha sınırlı boyutlardadır. Tablo 7'de görüldüğü gibi Türkiye'de tarımsal GSYİH toplamları genel toplam içerisinde sürekli bir azalma eğilimindedir. Buna bağlı olarak Türkiye'de de tarımın toplam ekonomik büyümeye olan etkisi ilerleyen dönemlerde daha sınırlı olacağı tahmin edilmektedir.

Tablo 7: Mevsimsel ve Enflasyona Göre Düzenlenmiş GSYİH Verileri

Dönem	Tarımsal GSYİH(1000xTL)	Toplam GSYİH(1000xTL)	Tarım/Toplam
2005	9570097	90499730,9	10,57%
2006	9700280	96738320,21	10,03%
2007	9046107	101254625,5	8,93%
2008	9432905	101921729,9	9,26%
2009	9767969	97003114,41	10,07%
2010	9998745	105885643,9	9,44%
2011	10604053	115174724,2	9,21%
2012	10935277	117625021,1	9,30%
2013	11315315	122556461	9,23%
2014	11082921	126257810,6	8,78%
2015	11856862	131272703,2	9,03%

Kaynak: TÜİK, 2017

Tablo 7'de görüldüğü gibi Türkiye'de tarımsal GSYİH toplamları genel toplam içerisinde sürekli bir azalma eğilimindedir. Buna bağlı olarak Türkiye'de de tarım sektörünün toplam ekonomik büyümeye olan etkisinin ilerleyen dönemlerde daha sınırlı olacağı tahmin edilmektedir.

2.3.2. Türkiye'de Tarımsal Kredilerin Gelişimi

Tarımsal üretim amacı ile kullandırılan kredileri tarım kredisi olarak tanımlamak mümkündür. Kredilerin fon yetersizliği sırasında ihtiyaç duyulduğu düşünüldüğünde tarım kredilerinin temel amacının da tarımsal üretimi arttırmak olduğu söylenmelidir. Bu nedenle Türkiye'de tarımsal üretimin arttırılması için fon yetersizliklerine karşılık tarım kredilerinin önemi ortaya çıkmaktadır.

Türkiye'de tarımsal faaliyetlerinin finansmanı incelendiğinde ilk oluşturulan finansman yapısının Osmanlı İmparatorluğu döneminde Tuna Valisi Mithat Paşa tarafından kurulan Memleket Sandıkları olduğu anlaşılmaktadır. 1863 yılında oluşturulan Memleket Sandıkları çiftçilerin ihtiyaçlarını karşılamak için oluşturulmuştur. 1883 yılına gelindiğinde Aşar vergisine %10 oranında bir ek getirilerek Memleket Sandıklarına sürekli ve düzenli bir kaynak oluşturulmuş ve adı da Menafi Sandıkları olarak düzenlenmiştir. Bu fonlar çiftçilerin ihtiyacını karşılamak amacı ile kurulmalarına rağmen çiftçilerin ihtiyacını tam olarak karşılayamamıştır. Ancak bu sandıkların yönetiminde yaşanan başarısızlıklar ve verilen kredilerin geri toplanamaması ile bu sandıklar yerini 1889 yılında Ziraat Bankası'na bırakmıştır (İnci, 2010: 101).

Milli Mücadele döneminde Ankara Hükümeti'nin en büyük kaynağı çiftçiler ve Ziraat Bankası birikimleriydi (Metintaş ve Kayıran, 2016: 36). Bu dönemde Hem Ziraat Bankası hem de çiftçilerin fon birikimleri en düşük seviyelere düşmüştür. Cumhuriyet döneminde Ziraat Bankası özkaynaklarının arttırılması için çeşitli girişimlerde bulunmuşsa da yeterli kaynaklara ulaşamamıştır. Bu dönemde Ziraat Bankası yönetimi banka özkaynaklarını güçlendirmek amacı ile tarım kredilerinden daha çok ticari kredilere yönelmiştir. Ayrıca tarım kredisi verilmesinde risklerin azaltılması amacı ile küçük çiftçiler yerine büyük arazi sahiplerine kredi verilmiştir. Buna bağlı olarak büyük toprak sahipleri aldıkları düşük faizli kredileri daha büyük faiz ile küçük çiftçilere aktararak ek gelir elde etmişlerdir. Kuruluş amacı dışına çıkan Ziraat Bankası 1937 yılında kamulaştırılarak, bankanın çoğunlukla küçük çiftçilere kredi kullandırabilmesi için düzenlemeler yapılmıştır (Tezel, 1994: 410: İnci, 2010: 103).

Türkiye'de tarımın finansmanında diğer önemli bir fon kaynağı olarak da Tarım Kredi Kooperatifler'ini kabul edebiliriz. Tarım Kredi Kooperatifleri ilk olarak 1924 yılı İtibari Zirai Kredi Kooperatif Kanunu ve 1929 yılı 1470 sayılı Zirai Kredi Kooperatifleri Kanuna bağlı kurulmuştur (Arslanbey, 2011: 39). Tarım Kredi Kooperatifler'inde fon temini, kooperatif üyelerinin birbirlerine kefil olmalarına bağlı olarak sağlanmaktadır. Kredi kullanacak çiftçilere diğer kooperatif üyelerinin kefil olması durumu kredi risklerini minimize etmektedir. Kooperatifin sahip olduğu fonlar çoğunlukla kooperatif üyelerinden ve Ziraat Bankası'ndan sağlanan fonlardan oluşmaktadır.

Türkiye'de özel sermayeli bankaların tarım finansmanında ağırlıkları çok yüksek değildir. Tablo 8'de Türkiye genelinde 2006-2015 yılları arasında verilen kredilerin bankalar düzeyinde tutarları görülmektedir.

Tablo 8: Bankaların Verdiği Kredi Toplamları

(MilyonTL)	Sektör Toplamı	Türkiye Cumhuriyeti Ziraat Bankası A.Ş.	Anadolubank A.Ş.	Şekerbank T.A.Ş.	Denizbank A.Ş.
2006	5276,9	5089,4	0	13,9	173,5
2007	5978	5448	0	69,3	455,9
2008	7480	6575	0	233	671
2009	9834	8368	0	346	1119
2010	11490	10027	0	270,9	1192
2011	17727	16164	37	354	1172
2014	26552	22501	107	1177	2744
2013	24868	21904	96	797	2046
2012	24528	22244	72	586	1622
2015	34367	28841	102	1725	3686

Kaynak: TBB, 2017

Tabloya göre tarım kredilerinin en büyük kısmını Ziraat Bankası oluştururken özel sermayeli bankalar içerisinde en çok tarım kredisi veren bankanın Denizbank olduğu anlaşılmaktadır.

Çalışmanın amacını oluşturan "tarım sektöründe kullandırılan kredilerin ekonomik büyümeye etkisi ve özellikle takibe düşmüş tarım kredilerinin ekonomiye etkisine dair bazı verilere yer vermekte fayda vardır. Bu kapsamda, Türkiye'de geçmiş dönem tecrübelerine bakıldığında (1968-1972 yılları) fon kaynaklarının yetersizliğine bağlı olarak kullandırılan tarım kredilerinin büyük bir kısmının kısa vadeli krediler olduğu görülmektedir. Çiftçilerin alınan kısa vadeli kredileri çalışma sermayesi yönetimi için değil duran varlık yatırımları için kullandığı tespit edilmiştir. Buna bağlı olarak çiftçilerin kredilerini geri ödemekte sorunlar yaşadığı Tablo 9'de de net bir şekilde görülmektedir (Gökdere, 1983: 446).

Tablo 9: 1968-1972 Yılları Arası Takibe Düşen Tarım Kredi Oranları

(TL)	Takibe Düşen Tarım Kredileri	Toplam Tarım Kredileri	Takibe Düşme Oranı
1968	1.196.575	7.638.872	15%
1969	1.835.500	9.401.343	19%
1970	3.004.903	10.542.232	28%
1971	3.182.249	11.095.580	29%
1972	3.459.772	10.871.441	32%

Kaynak: Gökdere, 1983: 446

Fon kaynaklarının yetersizliğinden doğan bu durum kredi geri ödemelerinde yaşanan sorunlarla tarım için kullanılabilecek fon miktarını daha da düşürmekte ve sektör kısır bir döngü içerisine girmektedir (Gökdere, 1973: 447). Tablo 10'da görüldüğü gibi 2005 yılından günümüze kadar olan bölümde ise takibe düşen kredi oranları oldukça azalmış ve verilen kredi miktarları da sürekli olarak artmıştır.

Tablo 10: Yakın Geçmişteki Takibe Düşen Kredi Verileri

Milyon TL	Toplam Takipteki Krediler	Krediler Toplamı	Toplam Takibe Düşme Oranı	Tarımsal Kredilerin Takipteki Kısmı	Toplam Tarımsal Krediler	Tarımsal Kredilerin Takibe Düşme Oranı
2005	89285,64	1591606,89	5,61%	2081,42	73608,08	2,83%
2006	98250,17	2386277,50	4,12%	2403,18	75539,22	3,18%
2007	116007,16	3071589,65	3,78%	3592,61	102843,31	3,49%
2008	140565,84	4140185,79	3,40%	4198,40	141011,55	2,98%
2009	236201,73	4481365,02	5,27%	8685,68	172556,03	5,03%
2010	251637,10	5578836,66	4,51%	11389,80	221061,19	5,15%
2011	226232,85	7543144,86	3,00%	10882,98	334154,06	3,26%
2012	259723,04	8941685,63	2,90%	11010,79	371949,24	2,96%
2013	329076,86	11336007,70	2,90%	14175,49	405941,97	3,49%
2014	408278,90	13813683,06	2,96%	15701,44	482111,54	3,26%
2015	518346,80	17018467,79	3,05%	15546,88	643193,35	2,42%

Kaynak: TBB, 2017

Takibe düşen kredi oranlarının düşmesi ile takibe düşen kredilerin tarımsal GSYİH'ya olan etkilerinin de düşeceği ya da etkisinin kalmayacağı öngörülmektedir.

Tarım sektöründe kullandırılan kredilerin ve bu kredilerin takibe düşen kısmının Tarımsal GSYİH'ye olan etkilerinin Granger Nedensellik Analizi ile test edildiğinde aşağıdaki sonuçlara ulaşılmıştır:

- Tarım sektörünün GSYİH'ya ve GSYİH'nın tarımsal sektörüne olan çift yönlü etkisinin varlığı da bu çalışma ile tespit edilmiştir.
- Kullandırılan tarımsal krediler tarımsal GSYİH'yi pozitif yönde etkilemektedir.
- Takibe düşen tarımsal kredilerin tarımsal GSYİH'ye bir etkisinin olmadığı anlaşılmıştır.

Elde edilen bu tespitlere bağlı olarak; Türkiye'de gıda arz güvenliğinin ve tarımsal GSYİH büyümesinin sağlanması ve dolaylı olarak da toplam GSYİH büyümesi için tarımsal kredilerin arttırılması doğru bir finansal karar olacaktır. Tarım sektörüne kullandırılan kredilerin geçmişten günümuze en önemlı kaynağı kamu bankaları (özellikle Ziraat Bankası) olmuştur. Günümüzde özel ticari bankaların tarımsal kredilere aktardıkları fon miktarlar artmakla beraber yeterli seviyelerde değildir. Gelecek dönemlerde de bu yapının kolayca değişmeyeceği düşünülmektedir. Kamunun gıda arz güvenliği ve ekonomik büyüme sorunlarının çözümünde önemli bir unsur olan tarımsal kredilerin kullandırılması konusunda, kamu bankalarının daha çok rol alabilecekleri beklenen bir durumdur.

III. Bölüm

Hayvancılık Faaliyetlerinin Finansmanı

Tarım faaliyetleri bitkisel üretim ve hayvansal üretim olmak üzere iki temel bölümden oluşmaktadır. TÜİK tarafından en son yapılan tarım işletmeleri araştırmasında tarım işletmelerinin %37,2'si sadece bitkisel üretim gerçekleştirirken, tarım işletmelerinin %62,3'ü hem bitkisel hem de hayvansal üretim gerçekleştirmektedir. Sadece hayvancılık yapan işletmelerin tüm tarım işletmelerine oranı ise sadece %0,5'tir (TÜİK, 2008). Türkiye'de bulunan tarım işletmelerinin bu yapısına göre hayvancılık faaliyetleri bitkisel üretimle oldukça büyük bir ilişkiye sahiptir. Hayvancılık faaliyetlerinin en büyük maliyet kaleminin yem olması bu ilişkinin nedeni olarak gösterilebilir.

Hayvancılık faaliyetinin ana çıktıları et ve süttür. Hayvancılık, bitkisel üretim ve üretim artıklarının ekonomik olarak değerlendirilmesinde, bölgeler arası dengeli kalkınmanın gerçekleştirilmesinde, iç ve dış pazarların besili karkas ağırlığına sahip kaliteli et taleplerinin karşılanmasında önemli bir iş alanıdır (Gözener ve Sayılı, 2015; 289: Kabukçu 1986). Görüldüğü gibi hayvancılık faaliyetleri sadece kendi üreticisine fayda sağlamamakla birlikte bitkisel üretim yapan diğer çiftçilerin ürünlerinin piyasa yapısına etki etmektedir. Ayrıca et ve süt ürünleri sanayi kuruluşlarının hammadde kaynağı olmasına bağlı olarak tarım dışı istihdamı da desteklemektedir.

Hayvancılık faaliyetlerinin sonucunda üretilen et ve süt toplumun ihtiyaç duyduğu protein kaynaklarının en kalitelilerindendir. Hayvansal ürünlerin gıda kalitesine bağlı olarak gıda piyasalarında yüksek talep görmektedir. Hayvancılık faaliyetlerinin bu yüksek talebe cevap verebilmesi toplumun gıda arz güvenliği açısından oldukça önemlidir. Özellikle son dönemlerde yaşanan et fiyatlarındaki volatilite, et arzında yaşanan sorunlardan kaynaklanmaktadır. Türkiye ise bir tarım ülkesi olmasına karşın et arz eksikliğini ithalat ile kapatabilmektedir.

Toplumun kaliteli gıdaya ucuz bir şekilde ulaşabilmesi için hayvancılık faaliyetlerinin etkin bir şekilde yönetilmesi gerekmektedir. Yapılan bu çalışmanın ortaya çıkmasının gerçek nedeni Türkiye'deki toplumun kaliteli hayvansal ürünlere uygun fiyatlardan ulaşmasının yollarını aramaktır. Bu amaç doğrultusunda hayvancılık faaliyetlerinde bulunan işletmelerin incelenmesi için yapının iyi öğrenilmesi gerekmektedir.

3.1. Hayvancılık İşletme Yapısı ve Özellikleri

Hayvancılık faaliyetleri daha önceki bölümde belirtildiği gibi tarım faaliyetlerinin bir alt konusu olmakla beraber farklı üretim işlevleri açısından diğer tarım faaliyetlerinden ayrışmaktadır. Bu farklılaşma, hayvancılık işletme yapısını diğer tarım işletme yapılarından ayırmaktadır. Aşağıda hayvancılık işletmelerinin özellikleri maddeler halinde açıklanmıştır (Sakarya, Cevger ve Aral 2013; 19):

"• Hayvancılık faaliyetleri devamlılık arz eder. Bu bakımdan hayvancılık, bitki üretim faaliyetlerinden daha çok sanayi sektörüne benzemektedir.

- Hayvancılık işletmelerinde hayvan, hem ürün hem de sabit sermaye niteliğinde iken, bitkisel üretimde ürün, hiçbir zaman sabıt sermaye olmamıştır.
- Hayvancılık işletmelerinde hayvan, reforme (sürüden çıkarılıp) edilip satıldığı zaman sermaye özelliğini kaybedip ürün olurken, bitkisel üretimde toprağı reforme etmeye imkan olmadığı gibi, satıldığı taktirde işletme ortadan kalkmaktadır.
- Hayvan, sermaye ve ürün olabilmenin yanında ayrı bir işletme ünitesi veya üretim dairesidir. Yediğine karşılık olarak işletmeye süt, işgücü, yavru(yeni sermaye), gübre gibi ürünler verebilmektedir.
- Hayvancılık işletmelerinde hayvan; sermaye, ürün ve stok malı yapısına dönüşebilir.
- Hayvancılık işletmelerinden sanayi sektörüne kasaplık hayvan, süt, yumurta, deri, yapağı ve gübre gibi malların akışına karşılık; bitkisel üretimden de hayvancılık sektörüne yem akışı vardır.
- Hayvancılık sektörü, bitkisel üretim işletmelerini pazara yakınlaştırır ve onun malının daha iyi değerlendirilmesini sağlar.
- Bitkisel üretim, hayvansal üretimden farklı olarak iklimsel değişikliklerden daha çabuk etkilenebilmektedir.

- Bitkisel üretimde genellikle arz, yılın kısa bir dönemine sıkışmaktadır. Bu durum sektörün doğal yapısından kaynaklanmaktadır. Hayvancılık işletmelerinde ise üretim, yılın belli kısa dönemine sıkışık değil, aksine uzun döneme yayılmıştır. Ayrıca diğer sanayi işletmeleri gibi arzı azaltmak, uygun fiyatı beklemek ve daha uzun döneme yaymak için malını stoklayabilme yeteneğine sahiptir.
- Piyasada görülen fiyat düşüşleri karşısında bitkisel üreticiler sonraki yıl farklı bir ürün üretimine yönelebilirken, hayvancılık işletmelerinde bu durum sanayi işletmelerinde olduğu gibi oldukça uzun bir zamanı ve hazırlığı gerektirmektedir.
- Arzın talepten az olması durumunda hayvancılık işletmelerinin farklı avantajları bulunmaktadır. Talebin fazla olduğu zamanlarda ise üreticiler, pazarlanmaya uygun olanlar tükendiğinde önce pazarlanmaya yakın halde olanları, ardından stok malı karakteri taşıyanları da piyasaya sürebilirler; hatta sonrasında ana sürü içinden damızlık veya doğurganlık özelliği az olanlar dahi pazara sunulabilirler.
- Hayvancılık işletmelerinde sermaye yenilemesi bizzat eldeki sürü vasıtasıyla sağlanabilirken (yeni doğumlar), bitkisel üretimin temel sermayesi olan toprağın verimi her geçen gün daha da azalmaktadır.
- Hayvancılık işletmelerinde ihtisaslaşma daha kolaydır (süt sığırcılığı, besi sığırcılığı, koyunculuk, kuzuculuk, yumurta tavukçuluğu, **broiler** yetiştiriciliği vs.). Çünkü bitkisel üretim, iklim değişikliği ve arazilerin miras nedeniyle parçalanabilmesi gibi nedenlerle ihtisaslaşma imkanlarına en az sahip yapıdır."

3.1.1. Hayvancılık İşletmelerinin Finansal Yapı Özellikleri

Hayvancılık işletmeleri belirtildiği gibi bitkisel üretim işletmelerinden oldukça farklı bir yapıya sahiptir. Duran varlıkların hızlı bir şekilde dönen varlıklara dönüşebilmesi, üretimin mevsimsel etkilerden daha az etkilenmesi, nakit dönüşüm hızının daha yüksek olması ve arz esnekliklerinin bitkisel üretim işletmelerinden daha yüksek olması bu farklılıkların en önemlileri arasında gösterilebilir. Bu üstün özelliklere bağlı olarak hayvancılık işletmelerinin bitkisel üretim yapan işletmelere göre finansal açıdan da daha avantajlı durumda olduğu söylenebilir. Hayvancılık işletmelerinin finansal yapı özellikleri daha sistematik olarak aktarılmak istenirse aşağıdaki gibi açıklanabilir:

- Nakit dönüşüm süreleri yüksektir.
- Daha az sermaye gereksinimi vardır.
- Varlıklar duran varlık yapısından kolayca dönen varlık yapısına dönüşebilirler.
- Üretilen ürünlerin birçoğu diğer sanayi kuruluşlarının hammadde kaynağı olduğu için satış fiyat volatilitesi düşüktür.
- Hayvancılık işletmelerinde üretim biyolojik bir sürece bağlıdır. Mevsimsel riskler daha azdır ancak biyolojik riskler daha fazladır.

Belirtilen bu finansal özelliklere bağlı olarak hayvancılık faaliyetleri tarım işletmelerinin finansal risklerini azaltması bakımından çiftçiler için bir nevi portföy yönetim aracına dönüşmüşlerdir. Hayvancılık faaliyetlerinin tarımsal işletmelerin finansal risklerini azaltmasına bağlı olarak TÜİK araştırmasındaki yüksek hibrit işletme yapısı daha anlaşılır olmaktadır.

Hayvancılık faaliyetlerinin diğer işletmelerde olduğu gibi finansal yönetim fonksiyonları aşağıda belirtildiği gibidir;

- Finansal Analiz
- Finansal Planlama
- Fon Temini
- Yatırımın Gerçekleşmesi
- Denetim

Hayvancılık faaliyetleri finansmanının yapısı, belirtilen bu fonksiyonlara göre detaylı bir şekilde incelenecektir.

3.2. Hayvancılık Faaliyetlerinde Finansal Yönetim

Hayvancılık faaliyetlerinde finansal yönetim araçları hayvancılık işletmelerinin özelliklerine göre farklılık gösterecektir. Bu farklılıkların temel nedeni işletmelerin muhasebe kayıt tutma sistemleridir. Küçük işletmelerin bilanço esasına göre muhasebe kaydı tutmamaları, analiz edilecek bilginin yapısını değiştirmektedir. Bu nedenle de verilerin yapısına göre finans literatüründe genel kabul görmüş analiz teknikleri uygulanamaz hale gelmektedir. Ancak işletme kayıt sistemleri her ne kadar farklı olursa olsun, yapılan ekonomik faaliyetlerin finansal analizlerinin yapılması oldukça önemlidir. Büyük ve bilanço esasına göre muhasebe kaydı tutan işletmelerin verileri ile finansal planlama ve analiz sistemleri diğer üretim işletmelerinin yapısı ile aynı özellikler taşımaktadır.

Hayvancılık işletmelerinin bu farklı yapılarına göre finansal yönetim fonksiyonları küçük işletmeler ve büyük işletmeler için ayrı ayrı incelenecektir.

3.2.1. Hayvancılık İşletmelerinde Finansal Analiz

Finansal yönetim; gelecekte oluşacak nakit akımları için bugün verilmesi gereken finansal kararlar sistematiğidir. Ancak gelecek, kendi içerisinde büyük oranda riskler ve belirsizlikler barındırmaktadır. Risk ve belirsizliklerin tanımlanması, eğer mümkünse ölçülmesi ve derecelendirilmesi gerekmektedir. Bu işlemlerin yapılabilmesi için geçmiş dönem verilerine ihtiyaç vardır. Finans literatüründe bu verilerin kaynağı muhasebe kayıtlarından oluşan istatistiki verilerdir. Doğru ve etkin finansal analiz için en önemli unsur doğru ve sistematik muhasebe verilerinin varlığıdır. Kurumsallaşmış işletmelerde muhasebe ve finans departmanları oldukça sistematik çalışmakta ve sürekli güvenilir veri üretmektedirler. Ancak küçük işletmelerde ise muhasebe kayıtlarında sistematik yapıları görmek oldukça zordur. Bunun nedeni ekonomik nedenlere bağlı olarak muhasebe kayıtları için ayrı bir çalışanın işe alınmasının mümkün olmamasıdır. Ayrıca küçük tarım işletmelerini muhasebe kaydı tutmaya teşvik eden yasal zorunluluklar da oldukça yetersizdir. Belirtilen bu gerekçelerle hayvancılık işletmelerinde finansal analiz, küçük hayvancılık işletmeleri ve bilanço esasına göre muhasebe kaydı tutan büyük hayvancılık işletmeleri için ayrı ayrı incelenecektir.

3.2.1.1 Küçük Hayvancılık İşletmelerinde Finansal Analiz

Türkiye'de küçük tarım işletmelerinde genel olarak Ernest Ferdinand Laur tarafından oluşturulmuş muhasebe kayıt sistematiği kullanılmaktadır. Ancak küçük tarım işletmelerinde muhasebe kayıt tutma zorunluluğu bulunmamasından dolayı bu sistemde sağlıklı bir şekilde kullanılamamaktadır (Çetin, 2014; 115). Türkiye'de küçük tarım işletmeleri muhasebe kaydı tutsalar da, tuttukları muhasebe kayıtları basit usul işletmeler için kabul edilen gelir gider hesabının takip edildiği tek taraflı muhasebe sistemidir. Küçük tarım işletmelerinin finansal analizde kullanabilecekleri verilerin üretilmesi için Laur sisteminde yer alan farklı veri kayıt sistematiğinin takip edilmesi gerekmektedir.

Laur muhasebe sistematiğinde en temel hesaplama, çiftçinin finansal başarı ölçütü olarak kabul edilen tarımsal gelirin hesaplanmasıdır. Tarımsal gelir, çiftçinin ve aile fertlerinin bir yıl içinde gerçekleştirdiği faaliyetler sonucunda öz kaynaklara ekledikleri katma değer olarak tanımlanmaktadır ve formül (3-1)'de gösterildiği gibidir (Erkuş, 1995: Çetin ve Tipi; 2016; 125).

$$Tarımsal\ Gelir = [Saf\ Hasıla - (Borç\ Faizleri + Kira\ ve\ Ortakçıklık\ Payı) + Çiftçi\ aile\ bireylerinin\ emek\ karşılığı] \quad (3\text{-}1)$$

Tarımsal gelirin hesaplanması ile işletmenin oluşturduğu ekonomik katma değer toplamı hesaplanmaktadır. Tarımsal gelirin yorumlanmasında ilk olarak sonucun pozitif olup olmamasına bakılır. Eğer sonuç pozitif ise hayvancılık işletmesi belirtilen dönemde gerçekleştirdiği faaliyet sonucunda ekonomik katma değer oluşturmuştur ve bu değerin mümkün olduğunca yüksek olması istenen bir durumdur. Eğer hesaplamalar sonucunda bu değer negatif ise işletme katma değer oluşturamamış demektir ve çeşitli önlemlerin alınması gerekmektedir.

Tarımsal gelirin hesaplanmasında formül (3-1)'de de anlaşılacağı üzere ilk olarak saf hasılanın hesaplanması gerekmektedir. Saf hasılanın hesaplaması formül (3-2)'de gösterilmiştir:

$$Saf\ Hasıla = Gayri\ Safi\ Hasıla - İşletme\ Masrafları \quad (3\text{-}2)$$

Saf hasıla, farklı tanımlamalarla anılsa da en temel tanımı; varlıklar üzerinden elde edilen nakit akımıdır (Talim, 1973: Çetin ve Tipi; 2016; 122). Saf hasıla, varlıklar üzerinden elde edilen nakit girişleri olması nedeni ile ilerleyen bölümlerde açıklanacak performans analizleri için önemli bir veridir. Elbette hayvancılık işletme değerinin artışı için saf hasılanın mümkün olduğu kadar yüksek olması istenen bir durumdur.

Saf hasılanın hesaplanmasında iki temel yapı karşımıza çıkmaktadır. Birincisi gayri safi hasıla ve ikincisi ise işletme masraflarıdır. Bu iki unsur detaylı olarak ele alınacaktır.

Hayvancılık işletmesinin bir yılda ana faaliyet konusu üzerinden elde edilen son mal ve hizmetlerin ekonomik değer toplamına gayri safi hasıla denilmektedir. Gayri safi hasıla hesaplanması, aşağıda maddeler halinde verilmiş unsurların toplamı ile gerçekleşmektedir (Çetin ve Tipi; 2016; 114):

- Satış yolu ile elde edilen gelirler
- Aile ihtiyacı için kullanılan ürünlerin toplam değeri
- İşletme varsa çalışanlara verilen ürünlerin toplam değeri
- İşletmede üretim amacı ile kullanılmış ürünlerin toplam değeri

- Ambara konulan ürünlerin toplanan değeri
- Bitki ve hayvan sayısında envanter artışları

Gayri safi hasıla hesaplamasında kullanılan bu unsurlar sadece hayvancılık faaliyetlerinin gayri safi hasılası hesaplanmasında kullanılmamaktadır. Bitkisel üretim için de aynı hesaplar küçük düzenlemelerle kullanılabilir. Hatta Türkiye'de tarım işletmelerinin birçoğunun hibrit yapıya sahip olmasından dolayı bitkisel üretim için de bu hesapların kullanması gerekmektedir.

Belirtilen bu hesaplar içerisinde hayvan sayısında envanter artışlarının hesaplaması aşağıda verilen formül (3-3) yardımı ile gerçekleşmektedir:

$$\begin{aligned}&\textit{Dönem başı hayvan sayısı} + \textit{Satın alınan hayvan sayısı} + \\ &\textit{Doğan hayvan sayısı} = \textit{Dönem sonu hayvan sayısı} + \\ &\textit{İşletmede tüketilen hayvan sayısı} + \textit{Ölüm ve kayıplar}\end{aligned} \quad (3\text{-}3)$$

İşletme masrafları; hayvancılık işletmesinin ana faaliyetleri için faiz ve aile fertlerinin emek karşılıkları dışında kullanılan fonların toplamıdır (Talim, 1973: Çetin ve Tipi; 2016; 118). Hayvancılık işletmelerinin daha detaylı analizler gerçekleştirmeleri için yapılan harcamaların değişken ve sabit harcamalar olarak ayrılması önemlidir. Değişken harcamalar üretim miktarınca artan ya da azalan gider ve maliyetlerden oluşurken, sabit harcamalar üretim miktarına bağlı olmamaksınız ortaya çıkan gider ve maliyetlerdir (Aydın, Başar ve Coşkun, 2007; 129). Hayvancılık faaliyetleri için değişken ve sabit harcamalar aşağıda Tablo 11'da verilmiştir:

Tablo 11: Hayvancılık İşletmelerinde Değişken ve Sabit Harcamalar

Değişken Harcamalar	**Sabit Harcamalar**
Yem giderleri	Genel idare giderleri
Sürekli olmayan çoban ücreti	Sürekli işçilik giderleri
İlaç giderleri	Bina amortismanı
Veteriner ücreti	Damızlık hayvan amortismanı
Aşı giderleri	Alet ve ekipman amortismanı
Hayvancılık sigortası giderleri	Diğer sabit giderler
Nakliye giderleri	
Temizlik giderleri	
Elektrik giderleri	
Su giderleri	
Tuz giderleri	
Diğer giderler	

Değişken ve sabit harcamaların içerisinde alınan borcun faizi başabaş analizi yapılırken eklenmelidir. Ancak safi hasılanın hesaplanmasında faiz giderlerinin hesaba dahil edilmemesi gerekmektedir. Çünkü finansal giderlerin tarımsal giderlerin hesaplanmasında dikkate alınmasından dolayı eğer işletme masraflarında hesaba dahil edilirse mükerrerlik ortaya çıkacaktır. Bunun önlenmesi için finansman giderleri tabloya dahil edilmemiştir.

Hayvancılık faaliyetini gerçekleştirecek çiftçinin anlatılan bu analiz yöntemini kullanabilmesi için birtakım hesap takip tabloları oluşturması ve bu tablolara verileri düzenli bir şekilde girmesi gereklidir. Bu tablolar, gerekli açıklamalarla aşağıda verilmiştir.

Tablo 12'de hayvancılık işletmesinin canlı hayvan dışında ürettiği hayvansal ürünlerin takibini gerçekleştirecek bilgiler yer almaktadır. Bu tablo aylık üç aylık ya da yıllık olarak düzenlenebilir. Ancak yıllık toplam gayri safi hasıla hesabı için yıllık toplam değerlerin bulunması gereklidir.

Tablo 12: Hayvansal Ürün Takip Kayıtları

						Kullanım Şekli			
Ürün Çeşidi	Toplam Üretim	Üretimdeki hayvan sayısı	Birim Ücreti	Birim Fiyat	Toplam Fiyat	Satılan Miktar	İşletmede Kullanılan Miktar	Ailede Kullanılan Miktar	Çalışanlara Verilen Miktar
Süt (inek)									
Süt (Koyun)									
Yün									
Deri									
Et									

Tablo 13 verileri özellikle süt üretimi yapan işletmeler için süt üretim verimliliğinin ölçülmesi için oldukça kullanışlı tablolardır. Ayrıca işletme gayri safi hasıla hesabında açıklayıcı yapıya sahiptir.

Tablo 13: Aylar İtibariyle Süt Üretimi Tablosu

Aylar	Sağılan İnek Sayısı	Üretilen Süt Miktarı	Satılan süt miktarı	Ailenin Tükettiği Süt	Buzağılara verilen Süt	İşçilere Verilen Süt	Satılan Süt Geliri
Ocak							
Şubat							
Mart							
Nisan							
Mayıs							
Haziran							
Temmuz							
Ağustos							
Eylül							
Ekim							
Kasım							
Aralık							

Özellikle kümes hayvancılığı yapan işletmelerin gayri safi hasıla hesaplaması ve günlük verim değişikliklerinin izlenmesi için Tablo 14 hazırlanmıştır. Bu tablonun aylık olarak hazırlanması ve 12 aylık tablo verilerinin toplanması ile işletmenin yıllık verimlilik analizlerinin gerçekleştirilmesi gerekmektedir.

Tablo 14: Kümes Hayvanları Üretim Kaydı

	Yumurta					Tavuk					
Gün	Üretilen (adet)	İşletmede Kullanılan (adet)	Satış Miktarı	Birim Satış Fiyatı	Toplam Satış Tutarı	Üretilen	İşletmede Kullanılan	Satış adeti	Birim Fiyat	Toplam Satış Tutarı	Ölen (adet)
1											
2											
30											
31											
Toplam											

Besicilik yapan işletmelerin ya da hibrit yapıya sahip işletmelerin içindeki besi faaliyetlerinin verimliliğini ve genel ekonomik yapıyı göstermesi açısından Tablo 15 oldukça önemlidir. Bu tabloya verilerin günlük olarak girilip aylık olarak özetlenmesi ve yıllık geniş özetlerinin oluşturulması gerekmektedir.

Tablo 15: Besicilik Kayıtları

Satın Alma				Kayıp		Satış				Katma Değer	
Tarih	Adet	Canlı Ağırlık	Alım Fiyatı	Adet	Canlı Ağırlık	Tarih	Adet	Canlı Ağırlık	Satış Fiyatı	Canlı Ağırlık	Değer

Hayvancılık işletmesinin gayri safi hasıla hesaplamasında karmaşık bir yapı olan envanter artış ya da azalışları Tablo 16'da oluşan veriler ile kolayca hesaplanabilmektedir. Tablo verilerinin yıllık sonuçlarına ihtiyaç vardır ancak envanter artış ve azalışlarının detaylı incelenmesi için tabloların aylık olarak hazırlanması ve yıllık özetlerinin oluşturulması gerekmektedir.

Tablo 16: Hayvancılık Envanter Artış Tablosu

	Büyük Baş		Küçük Baş		Kümes Hayvanı	
	Adet	Tutar	Adet	Tutar	Adet	Tutar
A-1 Satışlar						
A-2 Aile Tüketimi						
A-3 Ölen						
A-4 Dönem Sonu Sayısı						
A Toplam						
B-1 Satın Alınan						
B-2 Doğan						
B-3 Dönem Başı Sayısı						
B Toplam						
Dönem Artış yada Azalış (B-A)						

Hayvancılık faaliyetlerinin en önemli maliyet kaynağı olan yem kullanımının takibini kolaylaştıran Tablo 17 verileri aynı zamanda işletme masraflarının hesaplamasında da önemli bir veri kaynağıdır.

Tablo 17: Aylık Yem Kullanım Kayıt Tablosu

Ay:....... Yıl:........																		
	Süt İnekler						Besi						Koyun					
	Kesif Yem	Dane Yem	Saman	Yonca	Küspe	Silaj	Kesif Yem	Dane Yem	Saman	Yonca	Küspe	Silaj	Kesif Yem	Dane Yem	Saman	Yonca	Küspe	Silaj
1																		
2																		
3																		
4																		
5																		
.																		
.																		
.																		
30																		
31																		
Toplam																		

Tarımsal getiri hesabında önemli bir yer tutan işçilik giderlerinin aile içi ve aile dışı kaynaklarının belirlenmesinde Tablo 18 önemli bir tablodur. Özellikle yapılan işlerin takibini de kolaylaştıran bu tablo sayesinde işgücü verimlilikleri de hesaplanabilmektedir.

Tablo 18: İşgücü Takip Tablosu

		Aile Bireyleri				Yabancı İşçi					
		Yetişkin		Çocuk		Yetişkin		Çocuk			
Tarih	Yapılan İş	Yevmiye (adet)	Birim Ücreti	Yevmiye (adet)	Birim Ücreti	Yevmiye (adet)	Birim Ücreti	Yevmiye (adet)	Birim Ücreti	Toplam Yevmiye	Ödenen Yevmiye

Verilen bu tabloların düzenli bir şekilde hazırlanması ile işletmenin finansal analizler yapabilmesi kolaylaşacaktır. Küçük hayvancılık işletmelerinin finansal analizinde kullanılan performans analizleri örnekler verilerek incelenecektir.

3.2.1.1.1. Küçük Hayvancılık İşletmelerinde Kullanılan Finansal Analiz Oranları

Küçük hayvancılık işletmelerinin finansal yapılarının analiz edilmesinde verilerin yetersizliğine bağlı olarak temel iki oran kullanılmaktadır. Birinci olarak öz kaynak karlılığı gelir, ikincisi ise aktif karlılığıdır (Çetin ve Tipi, 2014; 132-133). Öz kaynak üzerinden karlılık hesaplamasında işletmenin kendi kaynaklarını ne kadar verimli kullandığını göstermesi oldukça önemlidir. Bu oranın hesaplanmasında faiz ve faaliyet dışı saf hasıla kullanılması gerekmektedir. Böylece finansal kaldıraç etkisi olmadan işletmenin performansı ölçülebilir. Ayrıca öz kaynakların hesaplanması için işletmenin sahip olduğu tüm varlıklardan toplam borçların çıkartılması gerekmektedir ve hesaplama için gerekli fonksiyon formül (3-4)'de verilmiştir.

$$\text{Öz Kaynak Karlılığı} = \frac{\text{Saf Hasıla} - (\text{Faiz Giderleri} + \text{Kira Gelirleri})}{\text{Toplam Varlıklar} - \text{Borç Toplamı}} \qquad (3\text{-}4)$$

Hayvancılık işletmesinin aktif karlılığının hesaplanması, işletmenin kullandığı toplam fonların verimliliğinin ölçülmesi açısından oldukça önemlidir. Toplam varlık karlılık oranı hesaplamasında ödenen finansman giderlerinin ve alınan borçların orana dahil edilmesi gerekmektedir. Buna bağlı olarak işletmenin finansal kaldıraç yapısını olumlu kullanıp kullanmadığı anlaşılacaktır. Toplam Varlık Karlılık oranı Formül (3-5)'de verilmiştir.

$$\text{Toplam Varlık Karlılığı} = \frac{\text{Saf Hasıla}}{\text{Toplam Varlıklar}} \qquad (3\text{-}5)$$

Küçük hayvancılık işletmelerinin borç yapısının incelenmesinde kullanabilecek oranlar; finansal kaldıraç oranı ve faiz kazanç gücüdür. Finansal kaldıraç oranı işletmenin sahip olduğu borçların toplam varlıklara bölünmesi ile bulunmaktadır ve formül (3-6)'da gösterilmiştir.

$$\text{Finansal Kaldıraç Oranı} = \frac{\text{Toplam Borçlar}}{\text{Toplam Varlıklar}} \qquad (3\text{-}6)$$

Bu oranın her sektörde farklı bir standardının olmasına rağmen tüm sektörler için finansal kaldıraç oranının 0,5'in üzerinde olması istenilen bir durum değildir. Çünkü 0.5'in üzerine çıkıldığında işletme finansal anlamda büyük riskler altında kalmaktadır. 0,5'in üzerine çıkıldığında işletmenin borçlarını azaltması gerekmektedir. 0,5'in altında kaldığında işletmenin finansal riskleri azalmış olur ancak karlılık oranları da düşecektir.

Ayrıca işletmenin aldığı borçların maliyetlerini karşılayabilme gücü ise özellikle takip edilmelidir. İşletme finansal kaldıraçtan yararlanmak isterken yüksek fon maliyetlerine bağlı olarak karlılığını düşürebilecektir. Faiz kazanç gücü formül (3-7)'de verilmiştir.

$$Faiz\ Kazanç\ Gücü = \frac{Saf\ Hasıla - Faiz\ Giderleri}{Faiz\ Giderleri} \quad (3\text{-}8)$$

Faiz kazanç gücü oranı, işletmelerin aldığı yabancı fonların (finansal borç) maliyetinin işletme yapısına uygunluğu açısından önemli bir orandır. Bu oranın mümkün olduğunca yüksek çıkması istenir. Bu oran büyüdükçe işletme fon maliyetlerinin işletme gelirine göre daha düşük kaldığı belirlenir.

Örnek-11: Bitkisel üretim yapmayan küçük hayvancılık işletmesinin envanter kayıtları, gelir ve gider kayıtları aşağıda sunulmuştur. Bu veriler karşılığında işletmenin finansal analiz sonuçlarını bulunuz ve yorumlayınız.

2015 yılı dönem sonu varlıklar		
Varlıklar	Adet	Tutarı (TL)
Canlı Varlıklar		154 000
2 yaş üzeri inek	20	100 000
2 Yaş üzeri boğa	2	10 000
Dana	10	20 000
Düve	12	24 000
Demir Başlar		200 000
Konut	1	100 000
Ahır	1	20 000
Samanlık	1	10 000
Depo	1	10 000
Açık Besi Alanı	1	10 000
Süt Sağım Ünitesi	1	50 000
Toplam Varlıklar		354 000

2016 yılı dönem sonu varlıklar		
Varlıklar	Adet	Tutarı (TL)
Canlı Varlıklar		191 000
2 yaş üzeri inek	25	125 000
2 Yaş üzeri boğa	1	10 000
Dana	12	24 000
Düve	16	32 000
Demir Başlar		200 000
Konut	1	100 000
Ahır	1	20 000
Samanlık	1	10 000
Depo	1	10 000
Açık Besi Alanı	1	10 000
Süt Sağım Ünitesi	1	50 000
Toplam Varlıklar		391 000

2016 yılı gelir tablosu (TL)

Gelirler		Giderler	
Süt Satışı	167900	Yem Alımı	60000
Hayvan Satışı		Saman Alımı	10000
Boğa Satışı (2 adet)	10000	Yonca Alımı	15000
İnek Satışı (2 adet)	10000	Arpa	20000
Gübre satışı	5000	Elektrik	1000
		Su	300
		Veteriner masrafı	1000
		İlaç	500
		Faiz Ödemeleri	6000
Toplam Gelir	192900	Toplam Gider	113800

Diğer veriler

	Miktar	Tutar (TL)
Satılan Hayvan	4 (Baş)	20000
Satın Alınan Hayvan		
Ölen Hayvan		
Ailenin Kullandığı Süt	200(lt)	230
Ailenin tükettiği hayvan		
Toplam Borç		50000
Aile Fertleri Emeği	730 (gün)	36500
Hayvan Amortismanı		20000
Demirbaş Amortismanı		10000

Tablolardan elde edilen veriler üzerinden aşağıdaki tablo yardımı ile gayri safi hasıla hesaplanmalıdır.

Gayri Safi Hasıla	Adet	Tutar (TL)
Satış Gelirleri		192900
Ailenin Kulandığı Ürün Değeri		230
Envanter Artışı		
İnek	7	35000
Boğa	1	5000
Yavru	14	28000
Toplam		261130

Tablo incelendiğinde işletmenin 2016 yılı toplam gayri safi hasılası 261 130(TL) olarak tespit edilmiştir.

Tablolardan elde edilen veriler ile işletme masrafları aşağıdaki tabloda gösterilmiştir.

İşletme Masrafları	
Harcamalar	Tutar (TL)
Değişken Harcamalar	107800
Yem Alımı	60000
Saman Alımı	10000
Yonca Alımı	15000
Arpa	20000
Elektrik	1000
Su	300
Veteriner masrafı	1000
İlaç	500
Sabit Harcamalar	30000
Hayvan Amortismanı	20000
Demirbaş Amortismanı	10000
Toplam	137800

İşletmenin 2016 yılı işletme masrafları 137 800(TL) olarak hesaplanmıştır. Ancak dikkat edilirse faiz ödemeleri bu hesabın içine dahil edilmemiştir.

Elde edilen gayri safi hasıla ve işletme masrafları üzerinden saf hasıla aşağıdaki gibi hesaplanmaktadır.

Saf Hasıla= 261 130(TL) - 137 800(TL)= 123 330(TL)

İşletmenin 2016 yılı saf hasılası 123 330(TL) dir. İşletmenin toplam tarımsal gelirlerinin hesaplaması ise aşağıdaki gibidir.

Tarımsal Gelir= 123 300 – 6 000 + 36 500 = 153 800(TL)

Bu elde edilen sonuçlara göre işletme toplamda 153 800 TL ekonomik katma değer üretmiştir. İşletmenin öz kaynak karlılığının hesaplanması için öncelikle işletmenin öz kaynaklarının tespiti gereklidir. İşletmenin 2016 yılı toplam varlıklarından toplam borcu çıkartıldığında işletmenin öz kaynak toplamı tespit edilmektedir.

Öz kaynak= 391 000 – 50 000 = 341 000 (TL)

Öz kaynak Karlılığı= (123 330 – 6 000)/ 341 000 = 0,3440 ise %34,40

Top Varlık Karlılığı = 123 330 / 391 000 = 0,3154 ise %31,54

Elde edilen bu verilere göre işletme varlıkları üzerinden oldukça yüksek karlılığa sahiptir. Ancak bu konuda tam karar verebilmek için diğer işletmelerin oranlarını da öğrenmek gerekir.

Finansal Kaldıraç Oranı= 50 000/391 000 = 0,1278 yani %12,78

Tespit edilen finansal kaldıraç oranına göre işletme borçlanma oranı oldukça düşük seviyelerdedir. Bu yapıya göre işletmenin ekonomik anlamda büyüyebilmesi için ek fon bulmasında bir sakınca yoktur.

Faiz Kazanç Gücü= 123 330 + 6 000 / 6 000 = 21,55 işletmenin düşük borç yapısına bağlı olarak faiz kazanç gücü oldukça yüksektir. İşletme elde ettiği gelirler ile finansal borçlarını oldukça kolayca geri ödeyebilecektir.

3.2.1.1.2. Büyük Hayvancılık İşletmelerinde Kullanılan Finansal Analiz Oranları

Büyük hayvancılık işletmeleri olarak ifade edilmek istenen durum işletmenin bilanço esasına göre çift taraflı muhasebe kaydı tutmasıdır. Eğer işletme hayvan ve çalışan sayısına göre büyük bir işletme olsa dahi muhasebe kayıtları bilanço esasına göre değilse burada anlatılan finansal analiz yöntemlerini kullanamayacaktır.

Bilanço esasına göre muhasebe kaydı tutan işletmelerin finansal analizlerinde temel olarak dört tür analiz vardır. Bu analizlerin ilki karşılaştırmalı mali tablolar analizleri olup bilanço ve gelir tablosundaki hesapların zaman içerisinde yüzde değişimlerini göstermektedir. İkinci analiz türü trend analizi olup karşılaştırmalı mali tablo analiziyle benzerlik göstermektedir. İki analiz türünün farkı ise trend analizi için en az üç ve daha fazla dönem bilanço ve gelir tablosu verisine ihtiyaç duyulmasıdır. Üçüncü analiz türü dikey analiz olarak adlandırılmakta ve her bir hesabın genel toplam içindeki ağırlığını göstermektedir. Dördüncü analiz türü ise finansal yönetim literatüründe en çok kullanılan oran analizleridir. Bu analizler dört farklı grup oranlar kümesinden oluşmaktadır. İşletmenin birçok yapısı hakkında detaylı bilgiler sunmaktadır (Ceylan, 2001; 36).

3.2.1.1.2.1 Oran Analizleri

Finans yöneticileri, işletmenin likidite durumu, sermaye yapısı, varlıkların kullanılmasında etkinlik, karlılık gibi işletmenin her yönüyle ilgili oldukları için, çeşitli oranlar kullanmaktadırlar. Analizde kullanılan oranlar, dört farklı şekilde kümelenmektedir. Bu bağlamda bir işletmenin genel durumunun analizi aşağıda sıralanan başlıklar altında gerçekleştirilmektedir:

- Likidite Oran Analizleri,
- Faaliyet Oran Analizleri,
- Borç Oranları Analizi,
- Karlılık Oran Analizleri,

"Likidite Oran Analizleri: İşletmenin cari durumunu, diğer bir deyişle, likidite durumunun analizinde likidite oranlarından yararlanılır.

- Likidite oranları, işletmenin parasal durumunu göstererek, vadesi gelen borçların, ödenme olanaklarını saptamaya yardım eder.
- Diğer bir ifade ile, bu oranlar işletmenin kısa vadeli borçlarını ödeyebilme yeteneğinin ölçülmesinde ve çalışma sermayesinin yeterli olup olmadığının belirlenmesinde kullanılır.
- Ödeme gücünün saptanmasında, işletmenin dönen varlıkları ile kısa vadeli borçlar arasındaki ilişkileri analiz eder.

İşletme ilgilileri, özellikle işletmeden alacakları olanlar, yöneticiler, firmalara kısa vadeli borç verecek olan bankalar, "likidite oranları ile işletmenin kısa vadeli borçlarını, vadesi geldiğinde dönen varlıkları ile derhal ödeyebilecek durumda mıdırlar?" sorusunu cevaplamaya çalışmaktadırlar.

Likidite Oranları kendi içinde üç bölümde incelenir. Bunlar: Cari Oran, Asit-test Oranı, Nakit Oranı.

Cari Oran: Dönen Varlıklar ile kısa vadeli yabancı kaynaklar arasındaki ilişkiyi gösteren bir orandır.

$$CariOran = \frac{DönenVarlıklar}{KVYK} \qquad (3\text{-}9)$$

- Cari oran, işletmenin genel likidite durumunu ortaya koyarak işletmenin net çalışma sermayesinin yeterli olup olmadığını ortaya koyar. Bu nedenle orana çalışma sermayesi oranı da denilmektedir.
- Dönen varlıkların toplamının kısa vadeli yabancı kaynaklardan yüksek olması istenir. Bu nedenle oranın mutlak olarak 1'den büyük olması gerekir. Genel kural olarak ise, oranın 2 olması yeterli kabul edilir.

Cari oranının küçük olması durumunda hemen likidite durumunun hakkında yorum yapılmadan önce stok devir ve alacak devir hızlarına da bakmak gerekir. Stok devir hızı ve alacak devir hızı yüksek olan işletmeler, kısa vadeli yabancı kaynakların ödenmesinde zorluk çekmeyebilir.

Asit- Test Oranı: Asit-test oranı cari oranı tamamlayan bir likidite oranıdır. Likit varlıklarının yeterliliğini ölçer.

$$Asit - TestOranı = \frac{DönenVarlıklar - Stoklar}{KVYK} \qquad (3\text{-}10)$$

Asit-test oranının 1 olması yeterli sayılmaktadır. Oranın bir olması işletmenin kısa vadeli yabancı kaynaklarının tamamını nakit ve hızlıca paraya çevrilebilen değerlerle karşılanabileceğini gösterir.

Bu oranının 1 den küçük olması durumunda hemen likidite durumunun kötü olduğu yorumu yapılmadan önce stok devir ve alacak devir hızlarına da bakmak gerekir. Stok devir hızı ve alacak devir hızı yüksek olan işletmeler kısa vadeli yabancı kaynakların ödenmesinde zorluk çekmeyebilir.

Nakit Oranı: Bu oran, para ve benzeri değerlerin kısa vadeli yabancı kaynaklara oranıdır. İşletmenin elindeki mevcut hazır değerler ile kısa vadeli borçların ne ölçüde karşılandığını gösterir.

$$NakitOranı = \frac{HazıazırDeler(Kasa + Banka)}{KVYK} \qquad (3\text{-}11)$$

Nakit Oranının 0.20'nin altına düşmemesi genel olarak istenen bir durumdur. Bu oranın 0.20'nin altında olması durumunda işletmenin nakit bulma ihtimali düşüktür. Ayrıca oranın çok yüksek olması da istenen bir durum değildir çünkü nakit fazlasının iyi kullanılamadığı anlamını taşır. Bu durum işletmenin para kazanma gücünü azaltarak gelir düşüklüğüne neden olur.

Faaliyet Oran Analizleri: Faaliyet oranları, işletmenin faaliyetlerinde kullanılan varlıkların etkili biçimde kullanılıp kullanılmadığı hakkında bilgi veren oranlardır.

Stok Devir Hızı: Stok devir hızı belirli bir dönem içinde stokların kaç defa yenilendiğini gösterir.

S.D.H = (Satışların Maliyeti)/Ortalama Stok (3-12)

Stokların ortalama kaç gün süre ile işletmede beklediğini belirleyen oran ise stok devir süresidir. İşletmenin satış performansının anlaşılması için etkili bir orandır.

Ortalama Stok Devir Süresi = 360/Stok Devir Hızı (3-13)

Alacak Devir Hızı: Alacak devir hızı oranı, belirli bir dönemdeki kredili satışlar tutarının, hesap dönemi sonundaki ticari alacaklar tutarına veya ortalama ticari alacaklar miktarına bölünmesi ile elde edilen orandır. Alacak devir hızı oranı alacakların tahsil yeteneğini gösteren orandır. Ticari alacakların kalitesi ve likiditesi hakkında bir bilgiye ulaşmak için kullanılmaktadır.

ADH = (Kredili Net Satış Tutarı)/Ortalama Ticari Alacaklar (3-14)

Kredili satışların net olarak bilinmemesi durumunda, net satışlar tutarı da esas alınabilir. Alacak devir hızı işletmenin likidite durumunun ölçülmesinde yararlanılan tamamlayıcı oranlardan birisidir.

Alacak devir hızının artışı, işletmenin lehine yorumlanan bir durum olup, çalışma sermayesinin alacaklara daha az bağlandığını gösterir. Bunun tersi ise çalışma sermayesinin büyük bir kısmının alacak hesabında biriktiğini gösterir.

Alacakların Ortalama Tahsilat süresi Oranı

Alacakların Ortalama Tahsilat Süresi = 360/Alacak Devir Hızı (3-15)

Net Çalışma Sermayesi Devir Hızı: Net çalışma sermayesinin yeterli olup olmadığı hakkında bilgi verir.

Net çalışma sermayesi devir hızının düşük olması, işletmenin aşırı net çalışma sermayesine sahip olduğunu, stok ve alacak devir hızının yavaş olduğunu, işletmenin gereksiniminden fazla olduğunun göstergesidir.Net çalışma sermayesi devir hızının yüksek olması, işletme net çalışma sermayesinin verimliliğinin yüksek olduğunu ifade eder. Ancak verimlilik ile karlılık bir arada olduğu sürece anlam taşır.

NÇSDH=(Net Satışlar)/(Ortalama Net Çalışma Sermayesi) (3-16)

Net çalışma sermayesi devir hızı ile ilgili belli bir ölçü yoktur. Sektördeki diğer işletmenin oranları ile kıyaslanarak yorum yapılabilir.

Dönen Varlıklar Devir Hızı

Dönen Varlık Devir Hızı = (Net Satışlar/Ort. Dönen Varlıklar) (3-17)

Oranın yüksek olması, dönen varlıkların verimliliğinin yüksek olduğunu gösterir. Düşük olması ise, işletmede dönen varlıklarda bir aşırılık durumunu gösterir ve dönen varlığı oluşturan hesapların detaylı incelemesini gerektir.Bu oran için belli bir ölçü yoktur. Sektördeki diğer işletmenin oranları ile kıyaslanarak yorum yapılabilir.

Duran Varlıklar Devir Hızı

Duran Varlık Devir Hızı = (Net Satışlar/Ort. Duran Varlıklar) (3-18)

Oranın düşük olması duran varlıkların yeteri kadar verimli kullanılmadığını ve duran varlıklardan istenilen gelirin elde edilemediğini gösterir. Oranın yüksek olması ise, işletmenin duran varlıklardan verimli olarak fayda sağladığını gösterir. Çok yüksek çıkması ise işletmenin duran varlıklardan kapasitelerinin üzerinde yararlandığını gösterir.

Aktif Devir Hızı

İşletmenin sahip olduğu tüm varlıkların verimliliğini ölçmede kullanılan bir orandır.

Aktif Devir Hızı = Net Satışlar/Ort. Toplam Aktif (3-19)

Oranın sektördeki diğer işletmelerin oranlarından düşük olması işletmenin tam kapasite ile çalışmadığını gösterir.

Öz sermaye Devir Hızı

Öz kaynak devir hızı, öz kaynağın ne ölçüde verimli kullanıldığını gösteren bir ölçüdür.

Öz kaynak Devir Hızı = (Net Satışlar)/Öz kaynak *(3-20)*

Oranın yüksek olması, işletmenin öz kaynaklarını verimli olarak kullandığını gösterir.

Bu oran için kabul edilmiş standart bir ölçü yoktur. İşletmenin öz kaynak oranının yeterli olup olmadığını ölçmek için aynı iş kolundaki diğer işletmelerin ve işletmenin kendisinin önceki yıllardaki oranları ile karşılaştırılması gerekir.

Borç Oran Analizleri

Finansal Kaldıraç Oranı

FKO = (Toplam Yabancı Kaynaklar)/Aktif(Pasif) Toplamı (3-21)

Varlıkların yüzde kaçının borçlarla finanse edildiğini gösteren oran olarak yorumlanabilirken, aynı zamanda kaynak toplamı içerisinde yabancı kaynakların payını gösteren bir orandır. İşletmeler genellikle kaldıraç etkisinden yararlanarak firma değerlerini artırmaya çalışırlar. Firma değerinin maksimum olduğu borç seviyesine optimal borç seviyesi denir. Optimal borç seviyesinden sonra borçlanmaya devam etmek işletmenin karlılığını etkiler ve işletmeyi iflasa doğru sürükleyebilir.

Oranın 0,50 olması kabul edilebilir olup Türkiye gibi sermayesi yetersiz olan ülkelerde ise 0,60 olarak kabul edilebilir. Fakat bu düzeyden sonra borç yükünü artırmak, işletme riskini artırarak işletmenin finansal sıkıntı içine girmesine neden olabilir.

Finansman Oranı:

Finansman Oranı = (Öz kaynaklar)/(Toplam Yabancı Kaynaklar) (3-22)

Bu 0ranın 1 olması istenir. Oranın birden yüksek olması işletmeyi borç baskısından kurtarır ve işletmenin rahatlamasına neden olur. Oranın yüksek olması işletme varlıklarının büyük bir kısmının işletme sahiplerince finanse edildiğini gösterir.

Duran Varlıklar/Öz kaynaklar Oranı

Duran Varlıklar/Öz kaynaklar (3-23)

Bu oran duran varlıkların ne kadarlık bir kısmının öz kaynaklar ile finanse edildiğini gösterir. Oranının genelde 1'den küçük olması istenir. Oranın 1'den büyük olması, duran varlıkların finansmanında öz kaynakların yetersiz kaldığı ve yabancı kaynakların kullanıldığı anlamını taşır.

Faiz Kazanç Gücü Oranı

FKG= (Faiz ve Vergi Öncesi Kar + Faiz Giderleri) / Finansman Giderleri (3-24)

İşletmenin elde ettiği gelirlerin, ödenen faizlerin ne kadarını karşıladığını gösteren bu oran, aynı zamanda kullanılan kredilerin işletme için ne kadar uygun olup olmadığını ölçer.

Karlılık Oran Analizleri: İşletmenin sahip olduğu öz kaynak ve yabancı kaynakların, verimliliğinin ölçülmesinde kullanılan oranlar kümesidir. İşletmeler faaliyetlerinde karlı çalışıp çalışmadığının belirlenmesinde bu oranlar kullanılır.

Brüt Kar Oranı

Brüt Kar Oranı = *Brüt Satış Karı/Net Satışlar* (3-25)

Satılan malların satış fiyatı ile maliyeti arasındaki farkı yansıtan brüt satış karının net satışlardaki yerinin önemlilik derecesini yansıtır. İşletmenin sektördeki diğer işletmeler ile arasında maliyet kontrolü için etkili bir orandır

Faaliyet Karlılığı

Faaliyet Karlılığı = *Faaliyet Karı/Net Satışlar* (3-26)

İşletmenin esas faaliyetlerinin ne ölçüde karlı olduğunun göstergesidir. Bu oranın yeterli olup olmadığı, işletmenin geçmiş yıllardaki durumuna ve sektördeki diğer işletmelerin ortalamalarına göre belirlenebilir.

Net Kar Marjı

Net Kar = *Net Kar/Net Satışlar* (3-27)

İşletme faaliyetlerinin net karlılığını gösterir. Oran net karın, net satışlar içindeki yüzdesini göstermektedir. Bu oranın yeterli olup olmadığı, işletmenin geçmiş yıllardaki durumuna ve sektördeki diğer işletmelerin ortalamalarına göre belirlenebilir.

Öz Kaynak Karlılığı

Öz kaynak Karlılığı =*Net Kar/Öz kaynaklar* (3-28)

İşletme sahip ve sahipleri tarafından sağlanan kaynağın bir birimine düşen kar payını göstermektedir. Özellikle işletme ortakları tarafından bu oran takip edilmekte olup, ortaklar koydukları sermaye karşılığında kazançlarının sürekli en yüksek seviyede olmalarını istemektedirler.

Aktif Karlılığı

Aktif Karlılığı = *Net Kar / Aktif Toplam (Varlık Toplamı)* (3-29)

İşletmenin tüm varlıkları üzerinden karlığını inceleyen bu oran diğer oranlar la birlikte yorumlanır. İşletmenin gereğinden fazla varlığının olup olmamasını ya da varlıklarına göre karlılığın yeterliliğini inceleyen bir orandır.

Oran analizlerinin daha iyi anlaşılabilmesi için konuyla ilgili basit bir örnek verilmiştir.

Örnek-12: Ana faaliyeti süt üretimi olan hayvancılık işletmesinin bilanço ve gelir tablosu verileri aşağıdaki tabloda verildiği gibidir. Bilanço ve gelir tablosu verileri ile işletmenin oran analiz sonuçlarını yorumlayınız.

X. Hayvancılık ve Süt Üretimi LTD 31/12/2016 Bilançosu (TL)

VARLIKLAR		KAYNAKLAR	
Dönen Varlıklar		KVYK	
Hazır Değerler	2000	Kısa Vadeli Ticari Borç	70000
Kasa	500	Kısa Vadeli Banka Kredisi	80000
Banka	1500	KVYK Toplamı	150000
Stoklar			
İlk Madde Mlz.	10000		
Canlı Varlıklar	240000	UVYK	
Alacaklar	50000	Uzun Vadeli Banka Kredisi	500000
Dönen Varlık Toplamı	302000	UVYK Toplamı	500000
Duran Varlıklar ı			
Canlı Varlıklar	500000		
Maddi Duran Varlıklar		Öz Kaynaklar	
Arazi	400000	Ödenmiş Sermaye	600000
Bina	200000	Geçmiş Dönem Karları	332000
Makine	50000		
Taşıt	100000		
Demirbaş	30000		
Duran Varlıklar Toplamı	1280000	Öz Kaynak Toplamı	932000
Varlık Toplamı	1582000	Kaynak Toplamı	1582000

X. Hayvancılık ve Süt Üretimi LTD 31/12/2016 Gelir Tablosu (TL)	
Yurt İçi Satışlar	2350000
Satılan Mal. Maliyeti	1800000
Brüt Kar	550000
Faaliyet Giderleri	150000
Pazarlama Satış Gid.	10000
Genel Yönetim Gid.	50000
Faaliyet Karı	400000
Diğer Faaliyetlerden Gelirler	
Diğer Faaliyetlerden Giderler	
Finansman Gideri	65000
Vergi Öncesi Kar	335000
Vergi	67000
Net Kar	268000

X Hayvancılık ve Süt Üretimi LTD'nin 2016 yılı bilanço ve gelir tabloları kullanılarak gerçekleştirilmiş oran analiz sonuçları aşağıda tablolar halinde sunulmuştur:

Likidite Oranları	
Cari Oran	2,013333
Likit Oran	0,346667
Asit Test Oran	0,013333

İşletmenin cari oranları genel ortalama seviyesindeyken likit ve asit test oranları istenilen oranların altında kalmaktadır. Buna bağlı olarak stoklarını (canlı hayvan) bir miktar azaltmalı ve elde edilecek fonun nakit olarak hazır değerlerde tutulması gerekmektedir.

Faaliyet Oranları	
Stok Devir Hızı (Defa)	9,4
Stok Devir Süresi (gün)	38,82979
Alacak Devir Hızı (Defa)	47
Ortalama Tahsilat Süresi (gün)	7,765957
Dönen Varlık Devir Hızı(Defa)	7,781457
Duran Varlık Devir Hızı(Defa)	1,835938
Aktif Devir Hızı(Defa)	1,485461
Öz kaynak Devir Hızı(Defa)	2,521459

İşletmenin ortalama tahsilat süresi ve stok devir sürelerine bakıldığında işletmenin satış faaliyetlerinde sorun yaşamadığı görülmektedir. İşletme tüm varlıklarını yılda 1,48 defa devretmekte ve bu oran üretim işletmeleri için iyi kabul edilebilecek bir orandır. Diğer devir oranlarının yorumlanması için sektördeki diğer işletmelerin oranları ile kıyaslamak gereklidir. Bu devir oranlarının diğer işletmelerin devir oranları ile uyumlu olması istenir.

Borç Oranları	
Toplam Borç/Aktif	0,410872
Öz kaynak/Toplam Borç	1,433846
Duran Varlık/Öz Kaynak	1,373391
Faiz Kazanç Gücü	5,153846

Hayvancılık işletmesinin toplam borçları toplam varlıkların %41'i kadardır. Bu tespite bağlı olarak işletmenin finansal kaldıracı oldukça iyi kullandığı anlaşılmaktadır. Ayrıca işletmenin faiz kazanç gücü 5,15 ile oldukça iyi durumdadır.

Karlılık Oranları	
Net Kar	0,114043
Brüt Kar	0,234043
Faaliyet Karı	0,170213
Öz kaynak Karlılığı	0,287554
Aktif Karlılığı	0,169406

Karlılık oranlarının analiz edilebilmesi için sektörde bulunan benzer işletmelerin karlılık oranları ile kıyaslama yapılması gerekmektedir. Ancak genel olarak işletme karlılık oranlarının iyi bir seviyede olduğu söylenebilir.

3.2.2. Hayvancılık İşletmelerin Finansal Planlama

Finansal planlama işletmelerin kısa ya da uzun dönemli finansal yapıları hakkında karar verebilmek için hazırlanan sistematik araştırmalardır. Kısa vadeli finansal planlamalarda işletmenin bir yıl içerisinde karşılaşabileceği finansal sorunların öngörülür ve bu sorunlara önceden çözüm önerilerinin hazırlanır. Bu tür finansal planlamaların oldukça sık aralıklarla gerçekleştirildiği ve gelecek öngörüsünün kısa vadeli olduğu için uzun vadeli finansal planlamalara göre daha basittir ve standart sapması daha düşüktür. Kısa vadeli finansal planlamaların en önemli yapısı nakit bütçesidir. İşletmeler üç aylık nakit bütçeleri oluşturabileceği gibi bir yıldan daha uzun vadeli nakit bütçeleri de oluşturabilirler. Ancak sağlıklı bir nakit bütçesinin hazırlanmasında daha çok bir yıllık nakit bütçeleri oluşturulmaktadır.

Uzun süreli finansal planlamalar daha çok yeni yatırım kararları verileceğinde kullanılan finansal planlama yapısıdır. Yeni yatırım projelerinin değerlendirilmesinde kullanılmasından dolayı işletmeler tarafından sık kullanılmayan bir planlama türüdür. Ayrıca uzun vadeli planlamaların süreleri 5-10 yıl gibi oldukça uzun süreleri kapsadığı için finansal öngörü oldukça kısıtlıdır. Uzun süreli finansal planlamanın bu zorluklarına bağlı olarak işletmeler uzun süreli finansal planlamalarda işletme dışı profesyonel yapılardan destek talebinde bulunmaktadırlar.

Uzun süreli finansal planlama süreçlerinde genellikle paranın zaman değerini önemseyen finansal karar modelleri kullanılmaktadır. Paranın zaman değerini önemseyen bu finansal karar modelleri çalışmanın birinci bölümünde detaylı bir şekilde anlatıldığı için burada bu modellerin tekrar anlatımına yer verilmeyecektir. Bu modellerin hayvancılık sektöründe uygulaması basit bir örnekte açıklanacaktır.

Uzun süreli finansal planlamaların ilk aşaması dönemsel nakit girdisi ve çıktılarının tahmin edilmesi ile başlamaktadır. Dönemsel nakit girdi çıktısının tahmin edilmesinde birçok istatistiki yöntem olmasına karşılık pratikte uygulaması kolay ve diğer modellere göre daha esnek olan nakit bütçeleri üzerinden dönemsel nakit akımlarının hesaplamasıdır. Ayrıca nakit bütçesi yöntemi kullanılması ile işletme kısa vadeli finansal planlamalarını da uzun vadeli planlamaları ile birlikte yapmış olacaktır.

3.2.2.1. Kısa Vadeli Finansal Planlama ve Nakit Bütçelerinin Oluşturulması

İşletmelerin bir yıl süreli hazırladıkları finansal planlamalar kısa vadeli finansal planlar olarak tanımlanmaktadır. Kısa süreli finansal planlar olağan finansal planlar olarak da bilinmekte ve finansal yöneticiler tarafından sıklıkla hazırlanmaktadır. Bu finansal planlamaların birçok farklı türü olmakla beraber en çok kullanılan yöntemi nakit bütçesi yöntemidir (Ceylan, 2001; 99).

Nakit bütçesi yöntemi diğer finansal planlama yöntemlerine göre oldukça esnek ve kullanışlıdır. Finansal yönetici, planlama içerisinde duyarlılık analizlerine bağlı olarak aylık net nakit akımları üzerindeki riskli unsurları tespit edebilir ve bu riskler için finansal önlemler alabilir. Tablo 19'da nakit bütçesinin küçük bir örneği sunulmuştur.

Tablo 19: Yıllık Nakit Bütçesi Tablosu Örneği

	Ocak	Şubat	Mart	Nisan	Mayıs	Haziran	Temmuz	...	...	...	Aralık
Dönem Başı Nakit											
Süt Satışı											
Canlı Hayvan Satışı											
Diğer Çiftlik Gelirleri											
Nakit Girişleri Toplamı											
Değişken Harcamalar											
Kesif Yem Alımı											
Mevsimlik İşçi (Çoban)											
Saman Alımı											
Yonca Alımı											
Arpa											
Elektrik											
Su											
Veteriner masrafı											
İlaç											
Sabit Harcamalar											
Hayvan Amortismanı											
Demirbaş Amortismanı											
Yeni Yatırım (Duran Varlık)											
Nakit Çıkışları Toplamı											
Ödenen Vergi											
Nakit Fazlası (Açığı)											
Alınan Borç											
Ana Para Ödemesi											
Faiz Ödemesi											
Dönem Sonu Nakit											

Tablo hazırlanırken satışların ve nakit girişlerinin farklı unsurlar olduğu bilinmeli ve bu tabloya sadece nakit hareketliliği olduğunda kayıtlar yapılmalıdır. Aynı durum mal alımları için de geçerlidir. İşletme mal aldığında değil ödeme yaptığında nakit çıkışını tabloda göstermelidir. Böylece firmanın hangi dönemlerde nakit fazlası vereceği ve hangi dönemde nakit sorunu yaşayacağı tespit edilmiş olur. Yapılan tespitlere göre işletme kısa süreli finansal hazırlıklarını yaparak kaynak israfından ve alternatif maliyet kayıplarından kurtulmuş olur.

3.2.2.2. Uzun Vadeli Finansal Planlama ve Yatırım Kararları

Uzun vadeli finansal planlamalar önceki bölümlerde belirtildiği gibi işletmenin uzun vadede yapacağı yatırım kararlarının planlamasıdır. İşletmelerin amacının sahip olduğu değeri maksimize etmek olduğu daha önceden belirtilmişti. Buna bağlı olarak işletmenin bugünkü zamanda alacağı finansal kararlar sonucunda, gelecekteki işletmeye olacak nakit akımlarının bugünkü değerler toplamı yatırım tutarının üzerinde olması gereklidir. Bu kabule bağlı olarak finansal planlamayı gerçekleştirecek kişi; gelecekteki nakit akımlarını, nakit akımlarını bugüne iskonto edecek oranı, projenin süresini ve bugünkü yatırım tutarını tespit etmek zorundadır. Ayrıca istenilen bu verilerin dışında hangi analiz modelinin kullanılması gerektiğine de karar vermelidir.

Uzun vadeli finansal karar sürecinde dönemsel nakit akımları tutarlarının hesaplanmasında nakit bütçesi yönteminin kullanılması önceki bölümde önerilmişti. Nakit bütçeleri sonucunda ortaya çıkan dönemsel nakit akımları, yatırım kararları için en uygun süreye kadar oluşturulmalıdır. Genellikle bu süre beş yıldan kısa ve on yıldan uzun olmamaktadır (Üreten ve Ercan, 2000; 77). Uzun dönem finansal planlamada tercih edilecek model nakit akımlarının negatif ya da pozitif olmasına bağlıdır. Eğer nakit akımları çoğunlukla pozitifse, NBD, İKO ve Kİ modelleri kullanılmalıdır. Ancak planlamadaki nakit akımları negatifse, yani işletmeye nakit girdisi sağlamayan ama üretim için gerekli bir duran varlık alımı yapılacak ise EMY kullanılması gerekmektedir.

Konunun anlaşılması için yukarıda belirtilen durumlara uygun kısa örnekler verilerek açıklanacaktır.

Örnek-13: Süt ve et üretimi için 50 baş inek alımı ile işe başlamak isteyen yatırımcı yıllık nakit akımlarının aşağıdaki gibi olacağını düşünmektedir. İşletme bitkisel üretim gerçekleştirmeyecek ve yıllık iskontooranını %17 (%12 kamu borçları ve %5 risk primi ile birlikte) olarak tespit etmiştir. Yatırımcı hayvancılık projesini 10 yıl sonra 2 000 000 TL'ye devren satabileceğini düşünmektedir.

Yatırımcı, hayvancılık faaliyetinin dışında alternatif bir projenin de nakit akımlarını aşağıda sunmuştur. Alternatif projenin iskonto oranı da %17 olarak tespit edilmiştir. Yatırımcı alternatif projeyi 10 yıl sonra 450 000 TL'ye devren satabileceğini düşünmektedir.

Yatırımcının hangi projeye yatırım yapması gerektiğini tespit edelim.

Hayvancılık İşletmesinin Yıllık Nakit Akım Tablosu

	2016	2017	2018	2019	2020	2021	2022	2023	2024	2025	2026
Dönem Başı Nakit	0	0	53067,3	46234,35	89861,88	131683,4	178514,6	189087,9	205922,3	227583,8	231916,9
Süt Satışı	0	353280	360640	441600	515200	552000	603520	662400	736000	750720	758080
Canlı Hayvan Satışı	0	0	40000	60000	80000	120000	120000	120000	120000	120000	120000
Diğer Çiftlik Gelirleri	0	0	10000	12000	15000	15000	15000	15000	15000	15000	15000
Nakit Girişleri Toplamı	0	353280	410640	513600	610200	687000	738520	797400	871000	885720	893080
Değişken Harcamalar	0	266557,44	331510,7	385996,8	436129,6	460896	500669	540845,2	590378	600284,6	605237,8
Kesif Yem Alımı	0	211968	216384	264960	309120	331200	362112	397440	441600	450432	454848
Mevsimlik İşçi (Çoban)	0	25000	25000	25000	25000	25000	30000	30000	30000	30000	30000
Saman Alımı	0	7065,6	7212,8	8832	10304	11040	12070,4	13248	14720	15014,4	15161,6
Yonca Alımı	0	10598,4	10819,2	13248	15456	16560	18105,6	19872	22080	22521,6	22742,4
Arpa	0	8125,44	8294,72	10156,8	11849,6	12696	13880,96	15235,2	16928	17266,56	17435,84
Elektrik	0	300	300	300	300	300	350	350	350	350	350
Su	0	500	500	500	500	500	550	550	550	550	550
Veteriner masrafı	0	2500	2500	2500	3000	3000	3000	3500	3500	3500	3500
İlaç	0	500	500	500	600	600	600	650	650	650	650
Sabit Harcamalar	0	30000	30000	30000	30000	30000	30000	30000	30000	30000	30000
Hayvan Amortismanı	0	20000	20000	20000	20000	20000	20000	20000	20000	20000	20000
Demirbaş Amortismanı	0	10000	10000	10000	10000	10000	10000	10000	10000	10000	10000
Yeni Yatırım (Duran Varlık)	550000	0	0	0	0	0	0	0	0	0	0
Nakit Çıkışları Toplamı	550000	296557,44	361510,7	415996,8	466129,6	490896	530669	570845,2	620378	630284,6	635237,8
Ödenen Vergi	3000	5672,256	4912,928	9760,32	14407,04	19610,4	20785,1	22655,48	25062,2	25543,54	25784,22
Nakit Fazlası (Açığı)	-550000	56722,56	49129,28	97603,2	144070,4	196104	207851	226554,8	250622	255435,4	257842,2
Alınan Borç	0	0	0	0	0	0	0	0	0	0	0
Ana Para Ödemesi	0	0	0	0	0	0	0	0	0	0	0
Faiz Ödemesi	0	0	0	0	0	0	0	0	0	0	0
Dönem Sonu Nakit	-550984	53067,304	46234,35	89861,88	131683,4	178514,6	189087,9	205922,3	227583,8	231916,9	234083,9

Alternatif Proje Nakit Akımı

	2016	2017	2018	2019	2020	2021	2022	2023	2024	2025	2026
Dönem Başı Nakit	0	0	25250	27775	30300	32825	35350	37875	40400	42925	45450
Nakit Girişleri Toplamı	0	100000	110000	120000	130000	140000	150000	160000	170000	180000	190000
Değişken Harcamalar	0	25000	27500	30000	32500	35000	37500	40000	42500	45000	47500
Sabit Harcama-lar	0	40000	44000	48000	52000	56000	60000	64000	68000	72000	76000
Yeni Yatırım (Duran Varlık)	150000	0	0	0	0	0	0	0	0	0	0
Nakit Çıkışları Toplamı	150000	65000	71500	78000	84500	91000	97500	104000	110500	117000	123500
Ödenen Vergi		9750	10725	11700	12675	13650	14625	15600	16575	17550	18525
Nakit Fazlası (Açığı)	- 150000	25250	27775	30300	32825	35350	37875	40400	42925	45450	47975
Alınan Borç	0	0	0	0	0	0	0	0	0	0	0
Ana Para Ödemesi											
Faiz Ödemesi	0	0	0	0	0	0	0	0	0	0	0
Dönem Sonu Nakit	- 150000	25250	27775	30300	32825	35350	37875	40400	42925	45450	47975

Bu iki projenin arasında karar vermek için yatırımcı NBD, İKO ve Kİ yöntemlerini kullanmalıdır. Çünkü her iki projede pozitif nakit akımları sunmaktadır.

Elde edilen bilgilerle hayvancılık projesinin iskonto edilmiş nakit akımları aşağıdaki tabloda özetlenmiştir:

Dönemler	Yıllar	Net Nakit Akımları	Bugünkü Değer Katsayısı	Nakit Akımlarının Bugünkü Değeri
0	2016	-550000,00	1,00	-550984,00
1	2017	53067,30	0,85	45356,67
2	2018	46234,35	0,73	33774,82
3	2019	89861,88	0,62	56107,11
4	2020	131683,36	0,53	70272,83
5	2021	178514,60	0,46	81422,50
6	2022	189087,94	0,39	73713,77
7	2023	205922,32	0,33	68612,37
8	2024	227583,80	0,28	64811,85
9	2025	231916,90	0,24	56449,44
10	2026	2234083,94	0,21	464772,98
Toplam				464310,35

Hayvancılık projesinin NBD toplamı 464 310,35 TL olarak tespit edilmiştir. NBD analizi sonucu pozitif çıktığı için proje kabul edilebilir.

Proje değerlemesinde ikinci olarak İKO tespit edilecektir. İKO tespitinde Excel paket programından yararlanılacaktır.

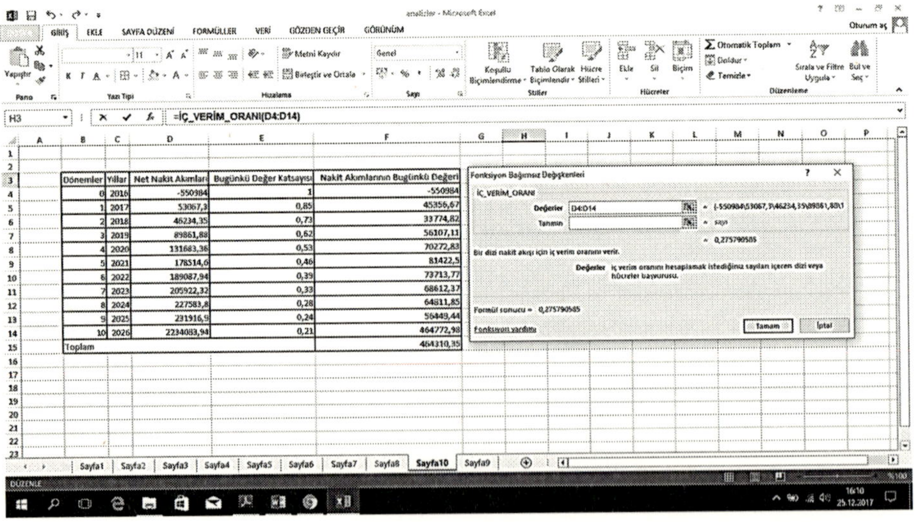

Excel üzerinde yapılan İKO hesaplamasına göre hayvancılık projesinin İKO'nu %27,57 olarak tespit edilmiştir. Hesaplanan İKO'nun hedeflenen kazanç oranı %17'den büyük olduğu için etüt edilen proje kabul edilebilir.

Hayvancılık projesi NBD ve İKO analiz sonuçlarına göre kabul edilebilir. Ancak etüt edilmesi gereken alternatif proje de bulunmaktadır. Alternatif projenin iskontoedilmiş nakit akımları aşağıdaki tabloda sunulmuştur.

Alternatif Projenin İskonto Edilmiş Nakit Akımları

Dönemler	Yıllar	Net Nakit Akımları	Bugünkü Değer Katsayısı	Nakit Akımlarının Bugünkü Değeri
0	2016	-150000,00	1,00	-150000,00
1	2017	25250,00	0,85	21581,20
2	2018	27775,00	0,73	20290,01
3	2019	30300,00	0,62	18918,43
4	2020	32825,00	0,53	17517,06
5	2021	35350,00	0,46	16123,53
6	2022	37875,00	0,39	14765,14
7	2023	40400,00	0,33	13461,09
8	2024	42925,00	0,28	12224,28
9	2025	45450,00	0,24	11062,70
10	2026	347975,00	0,21	72391,81
Toplam				68335,25

Alternatif projenin NBD toplamı 68 335,25 TL olarak hesaplanmıştır. Bu işlem sonucunda NBD pozitif olduğu için alternatif proje de kabul edilebilir durumdadır. Alternatif proje ayrıca İKO analizi ile test edilmelidir. İKO analizi için excel yapısı aşağıdaki gibidir:

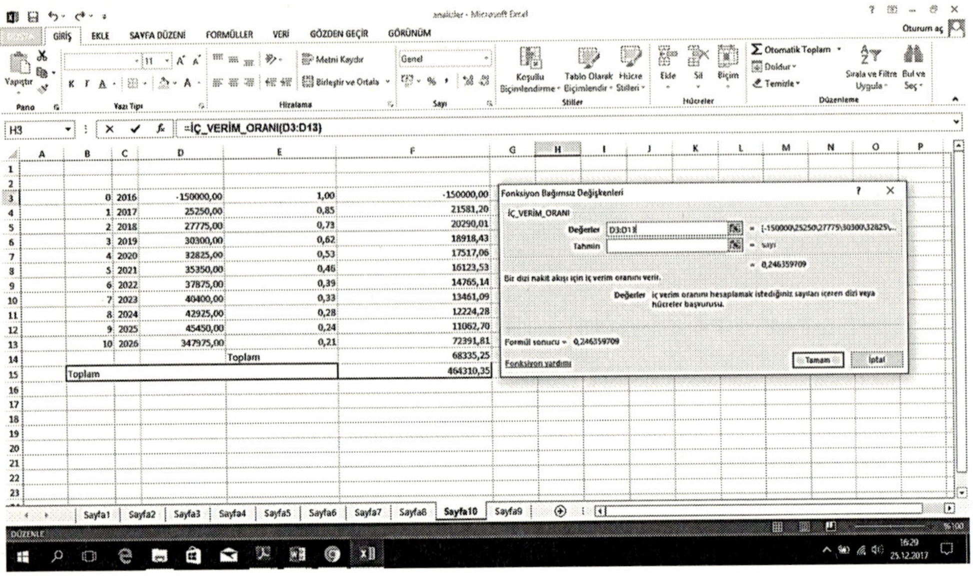

=İÇ_VERİM_ORANI(D3:D13)

	B	C	D	E	F
3	0	2016	-150000,00	1,00	-150000,00
4	1	2017	25250,00	0,85	21581,20
5	2	2018	27775,00	0,73	20290,01
6	3	2019	30300,00	0,62	18918,43
7	4	2020	32825,00	0,53	17517,06
8	5	2021	35350,00	0,46	16123,53
9	6	2022	37875,00	0,39	14765,14
10	7	2023	40400,00	0,33	13461,09
11	8	2024	42925,00	0,28	12224,28
12	9	2025	45450,00	0,24	11062,70
13	10	2026	347975,00	0,21	72391,81
14				Toplam	68335,25
15	Toplam				464310,35

İKO analiz sonucuna göre alternatif projenin İKO'nu %24,63 olarak tespit edilmişti. Alternatif proje de İKO analizine göre belirlenen kazanç oranını aştığı için kabul edilmelidir.

Yatırımcının karşısında kabul edilebilir iki proje bulunmaktadır. Bu durumda yatırımcı İKO büyük olan projeyi tercih etmeli ya da Kİ analizi ile tekrar etüt etmelidir.

Kİ analizi nakit akımlarının bugünkü değer toplamlarının yatırım tutarına bölünmesidir. Buna göre hayvancılık projesinin Kİ değeri aşağıdaki gibi hesaplanabilecektir:

Kİ (Hayvancılık)= 464310,35 / 550000 ise

Kİ (Hayvancılık)= 0,8442, yada %84,42 dir

Kİ (Alternatif) = 68335,25 / 150000 ise,

Kİ (Alternatif) = 0,4555 yada %45,55 dir.

Kİ analizi de İKO analizinin sonuçlarına benzer şekilde hayvancılık projesinin daha karlı olduğunu ortaya koymuştur. Bu verilere bağlı olarak yatırımcı hayvancılık projesini tercih etmelidir.

Eş Değer Maliyet Yöntemi

Finansal planlamalarda yatırım projeleri her zaman pozitif nakit akımı sağlamayabilmektedir. Analiz edilen yatırım projesi negatif nakit akımlarına sahipse bu durumda EMY olarak daha önceki bölümde açıklanan model kullanılmalıdır. Konunun anlaşılması için küçük bir örnek verilecektir.

Örnek-14: Hayvancılık işletmesinin ihtiyacı doğrultusunda süt sağım ünitesi alınacaktır. Piyasada bulunan iki süt sağım ünitesinin satış fiyatları ve yıllar içindeki nakit akımı tabloda verildiği gibidir. Finansal analiz yapılırken her iki ünite için yıllık %15 iskonto faktörü kullanılacaktır.

		A Makinesi	B Makinesi
0	Satış Fiyatı	-110000	-130000
1	Yıllık İşletme Masrafları	-10000	-10000
2	Yıllık İşletme Masrafları	-10000	-10000
3	Yıllık İşletme Masrafları	-10000	-10000
4	Yıllık İşletme Masrafları	-30000	-10000
5	Yıllık İşletme Masrafları	-12000	-10000
6	Yıllık İşletme Masrafları	-12000	-20000
7	Yıllık İşletme Masrafları	-12000	-10000
8	Yıllık İşletme Masrafları	-30000	-10000
9	Yıllık İşletme Masrafları	-12000	-10000
10	Yıllık İşletme Masrafları	-12000	-10000
	10. yılda hurda değeri	30000	45000

Her iki makinenin nakit akımları, iskonto oranı ile bugüne indirgenmelidir. Bu makinelerin bugüne iskonto edilmiş nakit akımları ve bu nakit akımların toplamı aşağıdaki tabloda verilmiştir.

		A Makinesi	B Makinesi	Bugünkü Değer İskonto Katsayısı	A Makinesi Nakit Akımları Bugünkü Değeri	B Makinesi Nakit Akımları Bugünkü Değeri
0	Satış Fiyatı	-110000	-130000	1	-110000,00	-130000,00
1	Yıllık İşletme Masrafları	-5000	-5000	0,869565	-4347,83	-4347,83
2	Yıllık İşletme Masrafları	-5000	-5000	0,756144	-3780,72	-3780,72
3	Yıllık İşletme Masrafları	-5000	-5000	0,657516	-3287,58	-3287,58
4	Yıllık İşletme Masrafları	-15000	-5000	0,571753	-8576,30	-2858,77
5	Yıllık İşletme Masrafları	-6000	-5000	0,497177	-2983,06	-2485,88
6	Yıllık İşletme Masrafları	-6000	-10000	0,432328	-2593,97	-4323,28
7	Yıllık İşletme Masrafları	-6000	-5000	0,375937	-2255,62	-1879,69
8	Yıllık İşletme Masrafları	-15000	-5000	0,326902	-4903,53	-1634,51
9	Yıllık İşletme Masrafları	-6000	-5000	0,284262	-1705,57	-1421,31
10	Yıllık İşletme Masrafları	-6000	-5000	0,247185	-1483,11	-1235,92
	10. yılda hurda değeri	30000	45000	0,247185	7415,54	11123,31
Toplam					-138501,74	-146132,17

Her iki makinenin ekonomik süreleri aynı olduğu için iskonto edilmiş nakit akımlarının toplamı üzerinden karar verilebilir. Buna göre A makinesinin nakit akımlarının bugünkü değeri B makinesine göre daha düşük olduğu için A makinesi tercih edilmelidir. Ancak her iki makinenin ekonomik değerleri farklı olması durumunda bu karar sistematiği doğru olmayacaktır. Ekonomik süreleri farklı olması durumunda formül (1-17) kullanılması gerekmektedir:

$$EM_A = \frac{-138501,74}{\frac{(1+0,15)^{10}-1}{(1+0,15)^{10} x\, 0,15}} = TL27.596,76$$

$$EM_B = \frac{-146132,17}{\frac{(1+0,15)^{10}-1}{(1+0,15)^{10} x\ 0,15}} = TL29.117,14$$

EM fonksiyonu hesaplamalarına göre de A makinesinin alınması işletmenin maliyetleri açısından en uygun seçenek olacaktır.

3.3. Hayvancılık Faaliyetlerini Fon Kaynakları

Tüm işletmelerin değer oluşturabilmek için yatırım yapmaya ve bu yatırımlar için ise çeşitli fonlara ihtiyaç duydukları önceki bölümlerde açıklanmıştı. İşletmelerin yatırım için temel olarak iki fon kaynağı bulunmaktadır. Bu fon kaynakları ortakların koydukları sermaye olan öz kaynaklar ve üçüncü şahıslardan elde edilen yabancı kaynaklardır. Yabancı kaynaklar öncelikli olarak öz kaynak yetersizliklerinde temin edilmeye çalışılır. Ayrıca yabancı kaynaklar finansal kaldıraç etkisinin kullanılması için de talep edilmektedir. Öz kaynaklar dışındaki bu fonların temini oldukça çaba isteyen bir durumdur. Çünkü her türlü yabancı kaynağın bir maliyeti bulunmaktadır (hibeler hariç) ve işletmenin amaçlarına göre en uygun fonların temini önemli derecede araştırmayı ve diğer hazırlıkları gerektirir. Türkiye'de hayvancılık faaliyetlerinde bulunan işletmelerin fon kaynakları Şekil 8'de gösterilmiştir.

Şekil 9: Türkiye'de Hayvancılık Faaliyetlerinin Fon Kaynakları

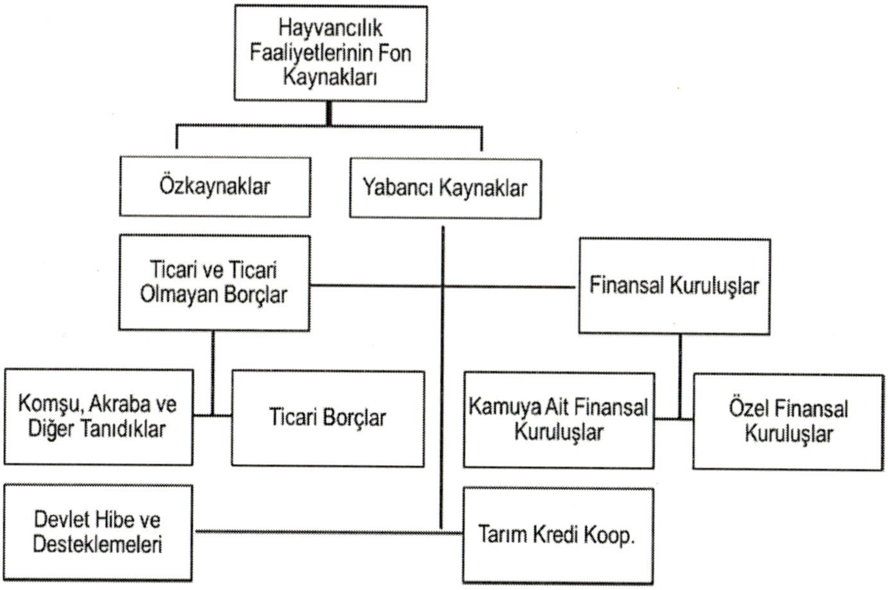

Hayvancılık faaliyetlerinde daha önceki bölümlerde belirtildiği gibi çiftçiler çoğunlukla öz kaynaklar ile kendilerini finanse etmek istemektedirler. Öz kaynağın yetersiz olduğu durumlarda ise finansal olmayan unsurlardan fon temini ilk başvurdukları yöntemdir. Finansal olmayan bu kişiler çoğunlukla yakın akraba ve komşular gibi yakın çevredeki tanıdıkları kişilerdir. Hayvancılık işletmeleri finansal olmayan yapılardan ticari borç şeklinde de önemli bir miktar fon temin etmektedirler. Ticari borçların büyük bir kısmı kesif yem alımında kullanılan vadeli alımlarla oluşan borçlardır. Özellikle süt üretim işletmelerinin çoğu süt alacaklarını ve yem borçlarını uyumlaştırarak basit barter finansman modeli uygulamaktadırlar.

Hayvancılık yapan kişilerin bir diğer fon kaynakları ise devlet tarafından sağlanan teşvik ve desteklemelerdir. Kamunun gıda arz güvenliği politikalarına bağlı olarak en önemli gıda arz kaynağı olan çiftçiler, finansal olarak desteklenmektedir. Kamu tarafından sağlanan bu destekler doğrudan gelir, çeşitli indirimler (KDV indirimi gibi) ya da sübvansiyonlu krediler şeklinde olabilmektedir. Ayrıca kamu tarafından desteklenen Tarım Kredi Kooperatiflerinin sağladığı fonlarda kamu kaynaklı desteklemelere dahil edilebilir.

Hayvancılık faaliyetinde bulunan işletmelerin yabancı kaynak temininde önemli fon kaynaklarından bir diğeri ise finansal kuruluşlardır. Hayvancılığın finansmanında özel ve kamu kuruluşları olmak üzere iki farklı finansal kuruluş yapısı vardır. Kamuya ait ve hayvancılık faaliyetlerine en çok fon ayıran kurum Ziraat Bankası'dır. Ziraat Bankası'nın kuruluş amacının Türkiye'deki tarım faaliyetlerinin finansmanını sağlamak olmasından dolayı hayvancılık faaliyetleri için ayırdıkları fonların da diğer finansal kuruluşlardan çok olması oldukça olağan bir durumdur.

Özel finans kuruluşları da hayvancılık faaliyetlerine finansal destek sağlamak amacı ile fonlar bulundurmaktadır. Ancak kuruluş amaçları kazanç sağlamak olan bu özel finans kuruluşlarının sağladığı fonların maliyetleri diğer fon kaynaklarına göre daha pahalıdır.

3.3.1. Hayvancılık Faaliyetlerine Devlet Desteklemeleri

Kamunun genel olarak tarım işletmelerine finansal desteklemeleri hibe ve sübvansiyonlu krediler şeklinde olmaktadır. Hayvancılık faaliyetleri de aynı şekilde kamu tarafından finansal olarak desteklenmektedir. Tablo 20'de kamunun hayvancılık faaliyetler için oluşturduğu hibe destek yapısı görülmektedir.

Tablo 20: Hayvancılık Faaliyetlerine Kamunun Hibe Destekleme Tutarları

Buzağı-Malak Desteği	**TL/Baş**
4 Ay ve Üzeri Buzağı-Malak (81 İl)	350
Soykütüğü (81 İl)	500
Döl Kontrolü	50 (İlave)
Çoban (Sürü Yöneticisi) İstihdam Desteği	250 Baş ve Üzeri Küçükbaş ve üzeri (koyun-keçi) anaç hayvan varlığına sahip Sürü yöneticisi istihdamı desteği 5000 TL/İşletme olarak ödenir.
Koyun-Keçi Desteği	**Birime Destek**
Koyun-Keçi	25TL/baş
Tiftik Üretim	**Birime Destek**
Tiftik	22 TL/baş
Süt Primi	**Birime Destek**
Soğutulmuş Manda, koyun-keçi, İnek sütü	Bakanlıkça belirlenir
İpek Böceği	**Birime Destek**
Tohum (kutu)	50 TL/adet
Yaş koza	40 TL/kg
Arıcılık	**Birime Destek**
Arılı kovan	10 TL/adet
Bombus arısı	60 TL/koloni
Su Ürünleri	**Birime Destek**
Alabalık 250.000Kg'a kadar (250.000Kg dahil)	0,65 TL/Kg
Alabalık 250.001-500.000Kg	0,325 TL/Kg
Midye	0,05 TL/Kg
Kapalı Sistem	0,50 TL/Kg
Balıkçı Gemisi Desteği	**Birime Destek**
10-20 metre	10.000 TL/m
21-30 metre	15.000 TL/m
31-34 metre	20.000 TL/m
35-45 metre	30.000 TL/m
46 ve Üzeri metre	35.000 TL/m
Yem Bitkileri	**Birime Destek**
Yonca (sulu)	60 TL/dekar/yıl
Yonca (kuru)	35 TL/dekar/yıl
Korunga	45 TL/ dekar/yıl

Tek yıllıklar	40 TL/dekar
Silajlık tek yıllıklar	55 TL/dekar
Silajlık mısır (sulu)	90 TL/dekar
Silajlık mısır (kuru)	45 TL/dekar
Yapay çayır-mera	150 TL/dekar
Patates siğili görülen alanlarda	Aldığı desteğe İlave %50
Hayvan Hastalık Tazminatları	**Birime Destek**
Hayvan Başı Ödeme	**Birime Destek**
Hastalıktan ari işletme	200 TL/baş
Onaylı Süt Çiftliği Desteği (ilave)	60 TL/baş
Aşı Desteği	**Birime Destek**
Şap Aşısı (Büyükbaş)	0,75 TL/baş
Şap Aşısı (Küçükbaş)	0,50 TL/baş
Brucellosis (Büyükbaş)	1,50 TL/baş
Brucellosis (Küçükbaş)	0,50 TL/baş
Küpe Desteği	1,00 TL/baş
Atık Desteği	**Birime Destek**
Büyükbaş hayvan atıkları (Aşılama sonrası)	400 TL/baş
Küçükbaş hayvan atıkları (Aşılama sonrası)	100 TL/baş
Hayvan Gen Kaynakları	**Birime Destek**
Büyükbaş Koruma	550 TL/baş
Küçükbaş Koruma	80 TL/baş
Sığır Pedigrili Koruma	800 TL/Baş
Arı Koruma	40 TL/kovan
Halk Elinde Küçükbaş Hayvan Islahı Elit Sürü Yavru	70 TL/baş
Halk Elinde Küçükbaş Hayvan Islahı Taban Sürü Yavru	40 TL/baş
Halk Elinde Manda Islahı	850 TL/Baş
Damızlığa ayrılan manda yavrusu desteği	200 TL/Baş
Damızlık Erkek Materyal (Koç ve Teke) Desteği	200 TL/baş

Kaynak: T.C. Gıda, Tarım ve Hayvancılık Bakanlığı

Kamunun Tablo 20'de gösterilen hibelerin dışında sübvansiyonlu kredi desteklemeleri bulunmaktadır. Bunun içerisinde AB fonları üzerinden temin edilen IPARD projeleri, çiftçilere önemli miktarda finansal destek sağlanmıştır. IPARD I projesi kapsamında çiftçilere 4,6 milyar TL fon aktarılmış tır. Bu fonların içerisinde 2,6 milyar TL kısmı çiftçilere hibe olarak aktarılmış ve kalan kısmı ise sübvansiyonlu kredi olarak kullandırılmıştır. Çiftçilere IPARD I kapsamında sadece hayvancılık faaliyetleri için 1,2 milyar TL hibe desteği sağlanmıştır (TKDK, 2016). Kamu tarafında Tarım Kredi Kooperatifleri borçlarının yeniden yapılandırılması da çiftçiler için kamu tarafından sağlanan bir destek olarak tanımlanmaktadır. Ayrıca Ziraat Bankası sübvansiyonlu kredilerinin sübvanse edilmiş kısmını kamu tarafından karşılanmaktadır.

3.3.2. Hayvancılık Faaliyetlerinde Finansal Kuruluşlar

Hayvancılık faaliyetlerinin finansmanının önemli bir yerine sahip olan finansal kuruluşlar Türkiye'de temelde kamu ve özel finansal kuruluşlar olarak iki farklı yapıya sahiptir. Tablo 21'de görüldüğü gibi finansal kuruluşlar, 2015 yılı sonunda 34,36 milyar TL fonu tarım işletmelerine aktarmıştır.

Tablo 21: Tarım Kredilerinde Bankaların Verdiği Fonların % Dağılımı

(MilyonTL)	Sektör Toplamı	Türkiye Cumhuriyeti Ziraat Bankası	Anadolubank A.Ş.	Şekerbank T.A.Ş.	Denizbank A.Ş.
2006	5276,9	96,45%	0,00%	0,26%	3,29%
2007	5978	91,13%	0,00%	1,16%	7,63%
2008	7480	87,90%	0,00%	3,11%	8,97%
2009	9834	85,09%	0,00%	3,52%	11,38%
2010	11490	87,27%	0,00%	2,36%	10,37%
2011	17727	91,18%	0,21%	2,00%	6,61%
2014	26552	84,74%	0,40%	4,43%	10,33%
2013	24868	88,08%	0,39%	3,20%	8,23%
2012	24528	90,69%	0,29%	2,39%	6,61%
2015	34367	83,92%	0,30%	5,02%	10,73%

Kaynak: (TBB, 2017)

2015 yılı kullandırılan bu fonların %83,92'si Ziraat Bankası tarafından sağlanırken, %16,05'i diğer 3 özel finans kuruluşu tarafından sağlanmıştır. Bu yapıdan da anlaşılacağı üzere tarım finansmanında Ziraat Bankası öncü bir yapıya sahiptir. Ziraat Bankası hayvansal faaliyet konularına göre değişiklik göstermek üzere %100'den %25'e kadar sübvansiyonlu krediler kullanmaktadır. Diğer özel bankalarda ise bu tür sübvansiyonlu krediler bulunmamakla birlikte işletmelerin ihtiyaçlarına göre hazırlanmış vadelerle hayvancılık kredileri sunulmaktadır.

3.4. Hayvancılık Faaliyetlerinde Riskler

Küresel dünyanın en önemli sorunlarından birisi gelecekte ortaya çıkacak gıda talebine karşı gıda güvenliğinin sağlanmaması olasılığıdır. Gıda güvenliğini sağlayacak önemli sektörlerden birisi de hayvancılık faaliyetleridir. Bugün az gelişmiş ülkelerde insanları açlıktan kurtaran, gelişmekte olan ülkelerin tarım ekonomisine yön veren ve gelişmiş ülkelerde insanların vazgeçilmez besinlerini temin eden bu sektör, dünyada 1,3 milyar insana istihdam oluşturmaktadır (Göktürk ve Yalçınkaya, 2017; 919: Erb v.d. 2012; 7: WorldBank 2009; 1).

Dünya nüfusunun gelecek 10 yıl içinde 7,3 milyardan 8,2 milyara yükseleceği ve 30 yıl içinde de 9,7 milyara çıkması beklenmektedir (Wu vd., 2014; 1). Nüfus artışına bağlı olarak şehirleşmenin gerçekleşeceği düşünüldüğünde gelecekte tarımsal arazilerine olan baskı yoğunlaşacak ve buna bağlı olarak tarım yapılacak arazilerin küçülmesi ve tarımsal istihdam oranının azalması, gıda güvenliğini tehdit edecektir. Bu durumdan en az etkilenecek sektör ulusal düzeyde toplam tarımsal üretimin % 40'nı oluşturan hayvancılık sektörüdür (Erb v.d. 2012; 7: WorldBank 2009; 1). Son 30 yılda tarımda en hızlı gelişimi sağlayan alt sektör olmasının yanında önümüzdeki 20 yılda da tarımsal alt sektörler içindeki en hızlı büyümeyi sağlayan sektör olması hayvan besiciliğini gıda arz güvenliği açısından ön plana çıkarmaktadır (Sansoucy, 1995; 6).

Hayvancılık faaliyetlerinin önemli bir sektör haline getiren başka bir görüşte, artan nüfusla birlikte, hane halklarının gelirlerindeki artış ve şehirleşmenin etkisi ile yüksek protein oluşturan hayvansal gıdaların talebinin artacağı yönündedir (Swanepoel vd., 2010; 4). FAO'ya göre bu ihtiyaç doğrultusunda hayvansal ürünlere olan talebin giderek yükseleceği, 2030'a kadar %50, 2050'ye kadar da %70 oranında artacağı beklenmektedir (Deloitte, 2013: 73). Bu söylemi destekleyen görüşler, gelecekte gıda üretiminin yetersiz kalma ihtimaline karşı yüksek proteinli hayvansal gıda üretiminin artırılarak gıda talebinin karşılanmasına yönelik gerçekleştirilen eylem planları üzerinedir.

Hayvancılığın yaygınlaştırılmasına yönelik öncelikli eylemler içinde en gerçekçi ve uygulanabilir olanı, hayvan popülasyonunun artırılmasıdır. Bu durum hayvan besiciliğinin arz yönünden de avantajını oluşturmaktadır. Küresel hayvancılık sektöründe en çok yetiştirilen hayvan cinsi sığır ve küçükbaş hayvanlardır (koyun ve keçi). Bu hayvanların popülasyonu, hedeflenen değerler açısından incelendiğinde, küresel sığır popülasyonu 2000 yılında 1,5 milyarken 2050 yılında %70 artarak 2,6 milyara; koyun ve keçi popülasyonunun ise %60 oranında artarak 1,7 milyardan 2,7 milyara çıkması beklenmektedir (Beddington, 2011; 53).

Artan nüfusun gıda teminatı, hayvan besiciliği piyasasının en önemli aktörleri olan çiftçilerinin mevcut durumlarının korunması ve geleceğe dönük yatırımlarının desteklenmesi sektörün sürdürülebilir bir büyüme sağlaması için elzemdir (Sansoucy, 1995; 6). Piyasa dinamikleri içinde teknoloji, hukuksal, ekonomik, bürokratik değişim yüzünden hayvan besiciliği ile uğraşan üreticiler yeni fırsatlar yanında tehditlerle de karşılaşmaktadırlar. Artık öncelikli olan fırsatlar ve tehditlere karşı öncelikli önlemler almanın ve fırsatlardan yararlanmanın yanında tehditlere karşı da önceden önlem almak gerekmektedir (Huırne, 2002; 250). Bu amaçla çiftçilerin karşılaşacakları risklerin tespit edilerek risk önlemlerinin planlanması ve ülkelerin gelecek tarımsal planlarını bu risklere göre en asgariye indirgeyecek şekilde oluşturulması gerekir.

Hayvancılık faaliyetlerinde karşılaşılan riskler ise bugün ve gelecekteki belirsizlik ortamından dolayı ortaya çıkan risk algıları ile ilişkilidir. Hayvancılık faaliyetlerinde bulunan kişilerin riskleri ne şekilde algıladığı ve bu risklere karşı verilecek tepkiler hayvancılığın geleceğe dönük yapacakları üretim ve yatırımlarının düzeyini belirlemesi açısından önemlidir.

Tarım faaliyetlerinin bir alt sektörü olan hayvancılığın maruz kaldığı risk kaynakları literatürde çeşitli şekillerde tanımlanmıştır. Genel olarak değerlendirildiğinde hayvancılık yapanların maruz kaldığı riskler (OECD, 2008;19);

- Doğa (iklim) Riski,
- İnsan Kaynaklı Riskler,
- Pazar Riskler,
- Finansal Riskler

olarak 4 farklı şekilde tanımlanabilir. Belirtilen bu riskler daha detaylı bir şekilde incelenerek çözüm önerileri sunulmaya çalışılacaktır.

3.4.1. Doğa (İklim) Riskleri

Hayvancılık işletmelerinin en önemli maliyetleri olan yemlerin bitkisel üretim faaliyetleri sonucunda elde edildiği ya da hayvanların meralarda beslendiği düşünüldüğünde iklim şartlarının hayvancılık için oldukça önemli olduğu kabul edilmektedir. Dünyada küresel iklim şartlarının değiştiği kabul edildiğinde hayvancılık faaliyetleri için iklim risklerinin oldukça önemli bir risk unsuru olduğu anlaşılmaktadır. 2015 yılı KOP bölgesi hayvancılık faaliyetlerinde bulunan işletmeler üzerine yapılan araştırmada, çiftçilerin risk unsurları üzerinde en büyük önemi kuraklık yani iklim riskine verdikleri görülmüştür. Hayvancılık risk araştırmasında elde edilen sonuçların bir kısmı Tablo 22'de gösterilmiştir (Yalçınkaya, 2017; 311).

Tablo 22: KOP Bölgesi Hayvancılık Genel Risk Unsurları

Risk Unsurları		Gözlem	Ortalama	Std. Sapma	Değişim Katsayısı (STD Sapma/ Ortalama)
Hastalıklar	Genel	395	9,03	2,092	0,23
	İnekçilik	279	8,93	2,18	0,24
	Koyunculuk	170	9,2	1,889	0,21
Et Fiyat Volatilitesi	Genel	395	8,48	2,486	0,29
	İnekçilik	279	8,5	2,602	0,31
	Koyunculuk	170	8,48	2,264	0,27
Süt Fiyat Volatilitesi	Genel	395	7,81	3,033	0,38
	İnekçilik	279	8,33	2,77	0,33
	Koyunculuk	170	6,97	3,244	0,47
Veterinerlerin Yetersizliği	Genel	395	5,07	3,251	0,64
	İnekçilik	279	5,04	3,304	0,66
	Koyunculuk	170	5,01	3,127	0,62
Banka Kredileri	Genel	395	6,63	3,594	0,54
	İnekçilik	279	6,98	3,51	0,5
	Koyunculuk	170	6,22	3,653	0,59
Yem Fiyatları	Genel	395	9,11	1,796	0,19
	İnekçilik	279	9,28	1,677	0,18
	Koyunculuk	170	8,98	1,806	0,2
Kuraklık	Genel	395	9,54	1,467	0,15
	İnekçilik	279	9,49	1,605	0,17
	Koyunculuk	170	9,49	1,489	0,16
Yem Bulamama	Genel	395	7,14	3,279	0,45
	İnekçilik	279	7,18	3,414	0,48
	Koyunculuk	170	6,88	3,127	0,45
Soğuk	Genel	395	5,87	3,362	0,57
	İnekçilik	279	6,01	3,45	0,57
	Koyunculuk	170	5,82	3,214	0,55
Ürünleri Satamama	Genel	395	7,97	3,25	0,40
	İnekçilik	279	8,05	3,237	0,4
	Koyunculuk	170	7,93	3,228	0,41

	Genel	395	5,95	3,686	0,61
	İnekçilik	279	5,83	3,657	0,63
Hırsızlık	Koyunculuk	170	6,08	3,704	0,61
	Genel	395	7,41	3,581	0,48
	İnekçilik	279	7,36	3,638	0,49
Tahsilat	Koyunculuk	170	7,16	3,704	0,52
	Genel	395	5,33	3,684	0,69
	İnekçilik	279	5,68	3,701	0,65
Çoban Bulamamak	Koyunculuk	170	4,72	3,55	0,75

Tablo 22 incelendiğinde kuraklık riskinin en yüksek değere (9,54) sahip olduğu görülmektedir. Ayrıca kuraklık riski üzerinde değişim katsayısı da oldukça düşük seviyededir. Diğer iklim riskine bağlı olan soğuk hava riski kuraklık kadar çok büyük bir risk olarak algılanmamaktadır. Ayrıca yem bulamama faktörünün riski de düşük sayılabilecek seviyelerdedir. Konun başında belirtildiği gibi iklim şartlarının hayvancılığı etkileme nedeni; hayvanların beslenme şekilleridir. Grafik 1'de gösterildiği gibi hayvanların beslenmesinde ya mera ya da bitkisel ürünler olan yemler kullanılmaktadır.

Grafik 1: KOP Bölgesi Hayvanları Beslenme Şekilleri

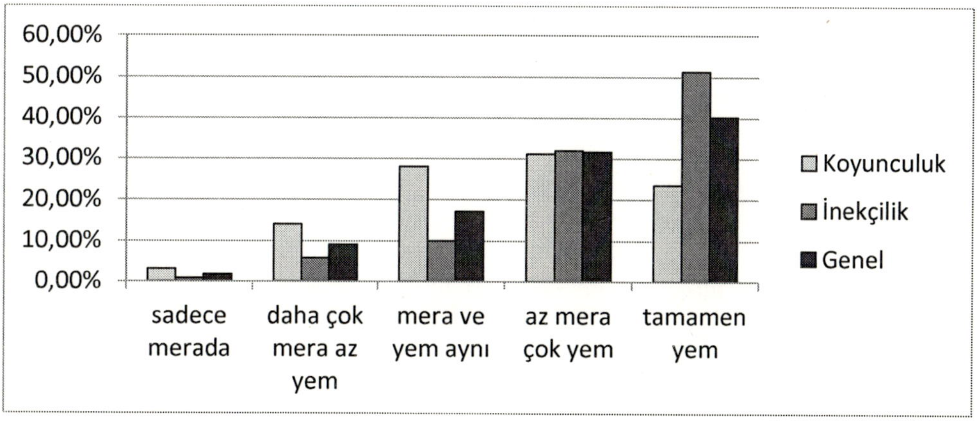

Kaynak: Yalçınkaya, 2016

Ancak oluşturulan grafikte dikkat çeken diğer bir unsur ise yem kullanımının mera kullanımından daha yüksek olduğudur. Yemlerin önemli bir kısmı ise fabrikalarda kesif yem üretimidir. Buna bağlı olarak yem fabrikaları arasında oluşan rekabet koşullarına bağlı olarak çiftçiler yem bulamama riski çok önemsememektedirler. Grafik 2'de hayvancılık faaliyetlerinde hayvanların ölüm nedenlerinin oranları gösterilmektedir.

Grafik 2: KOP Bölgesi Hayvancılık İşletmelerinde Hayvan Ölüm Sebepleri

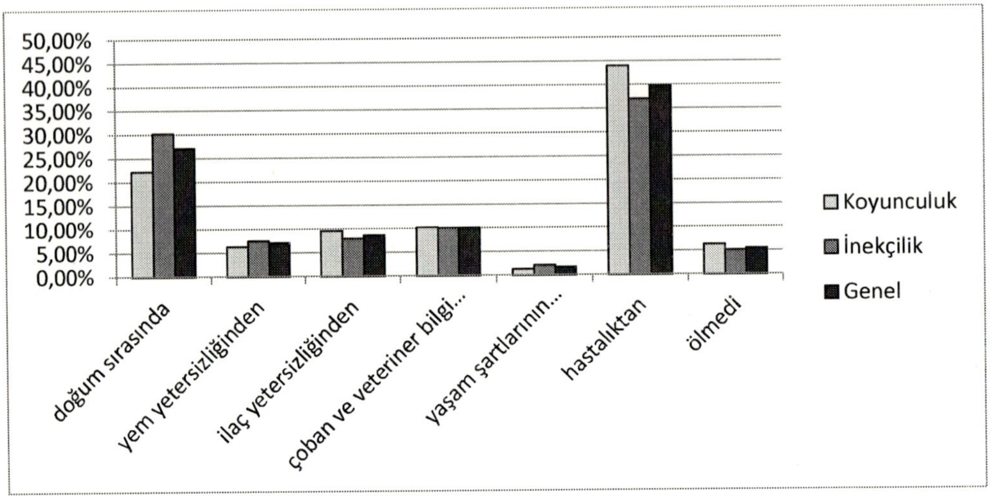

Kaynak. Yalçınkaya, 2016

Bölgedeki hayvancılık faaliyetlerindeki ölüm nedenlerinin en önemlisi olarak hastalıklar gelmektedir. İkinci sırada ise doğum sırasında yaşanan sorunlar ortaya çıkmaktadır. Bu tespite bağlı olarak hayvancılık faaliyetlerinin üzerindeki doğa risklerinin içerisinde biyolojik risklerin varlığını da kabul etmek gerekmektedir. Biyolojik risklerin önlenmesinde veterinerler önemli risk yönetim unsurlarıdır. Biyolojik risklerin önlenmesinde veterinerlerin sadece hastalığın ortaya çıktığı zaman değil, risklerin önlenmesi için koruma amaçlı olarak da işletmeye çağrılması ve gerekli tedbirlerin alınması gerekmektedir. Grafik 3'te KOP bölgesi hayvancılık işletmelerinin veteriner çağırma sıklığı gösterilmektedir.

Grafik 3: KOP Bölgesi Veteriner Çağırıma Sıklığı

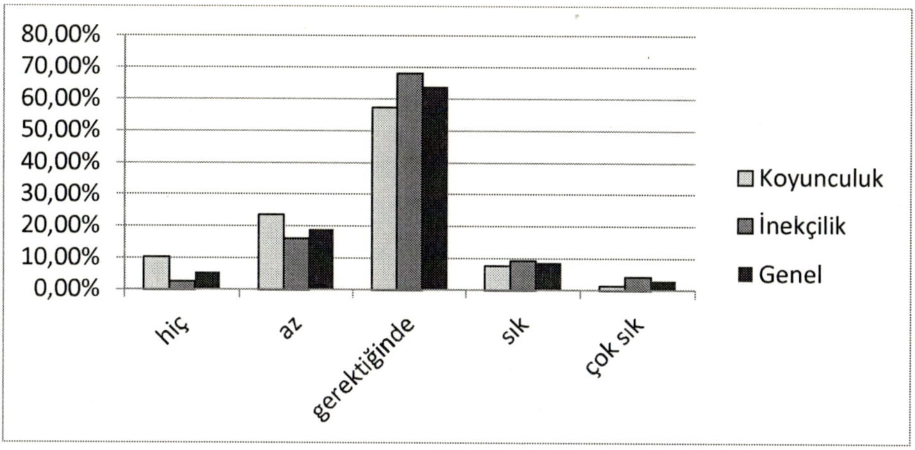

Kaynak: Yalçınkaya, 2016

Grafikten anlaşılacağı üzere işletme sahipleri veterinerleri çoğunlukla riskin gerçekleştiği anda veteriner çağırmaktadır. Bu durumlarda veteriner her zaman başarılı olamayabilir. Hastalıkların tedavisi yerine hastalıklara karşı tedbirler alınması hem finansal açıdan hem de zaman yönetimi açısından oldukça ekonomiktir.

Hayvancılık faaliyetlerinin içerisinde bulunan doğa risklerinin büyük kısmı (özellikle iklim riski) işletmeler tarafından yönetilebilir değildir. İşletme sahiplerinin bu risklere bağlı sermaye kayıplarının önlenmesi için kullanılacak en öneli araç sigortalama işlemleridir. Türkiye'de tarımsal sigorta sisteminin merkezinde TARSİM bulunmaktadır. Bu sigorta sistemi kamu tarafından oluşturulmuş bir konsorsiyum yapısıdır. İşletme sahiplerinin sigorta masraflarının bir kısmı devlet tarafından karşılanmakta ve bir kısmı da işletme sahipleri tarafından karşılanmaktadır. Doğadan kaynaklanan risklerin yönetilmesi için TARSİM, işletme sahipleri için oldukça önemli bir risk yönetim aracıdır ve etkin bir şekilde kullanılması gerekmektedir.

3.4.2. İnsan kaynaklı Riskler

Hayvancılık işletmelerinin faaliyetlerini sürdürmede istihdam edilen kişilerin özellikleri oldukça önemlidir. Hayvancılık işletmeleri daha önceki verilen bilgiler doğrultusunda çoğunlukla aile işletmesi yapısına sahiptir. Hayvancılık konusunda sahip olunan bilgiler de genellikle geleneksel yöntemlerden ve aile içi tecrübelerden elde edilen bilgilerden oluşmaktadır. Hayvancılık işletmelerinin çoban istihdam etmesi durumunda çobanların ve veterinerlerin bilgi düzeyi, insan kaynaklı riskler açısından oldukça önemlidir. Grafik 4'te KOP bölgesi hayvancılık işletmelerinin içerisinde hayvanlarla doğrudan ilgilenen kişilerin oranları verilmiştir:

Grafik 4: KOP Bölgesi Hayvancılık İşletmeleri Çalışan Yapısı

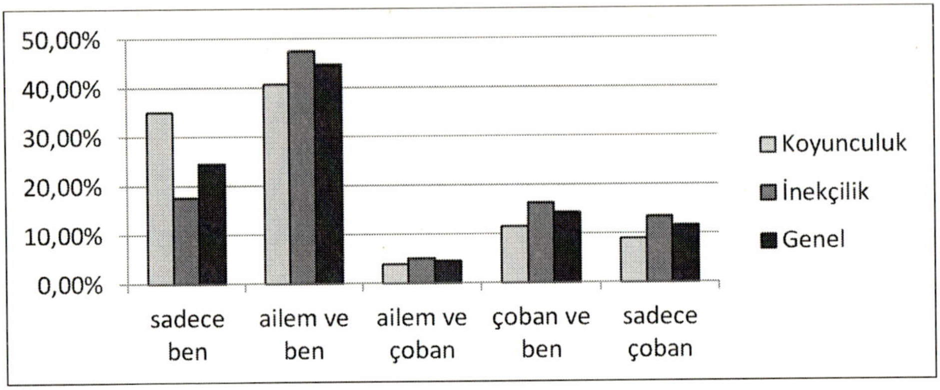

Kaynak: Yalçınkaya, 2016

Grafikte görüldüğü gibi hayvancılık işletmelerinde çalışanların büyük kısmı işletme sahibi ve ailesidir. Çobanların işletmelerde istihdamı düşük seviyededir. Hatta küçükbaş hayvancılık yapan işletmelerde çobanların istihdam oranı inekçilik yapan işletmelerden daha düşük seviyededir. Hayvancılık işletme sahipleri çalışanların bilgisine olan güvenleri ölçüldüğünde Grafik 5'te bulunan bilgiler karşımıza çıkmaktadır:

Grafik 5: KOP Bölgesi İşletme Sahibinin Hayvancılık Hakkında Bilgisi

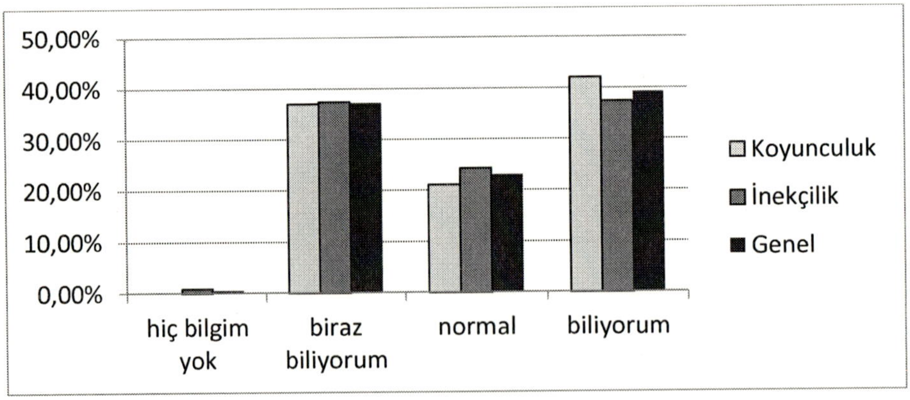

Kaynak: Yalçınkaya, 2016

İşletme sahiplerinin %40'a yakınının hayvancılık faaliyetleri hakkında yeterli bilgiye sahip olmadığı anlaşılmaktadır. Bilgi seviyesindeki bu yetersizlik hayvancılık faaliyetlerinin devamlılığını tehlikeye sokmaktadır. Ayrıca çobanların bilgi seviyesinin ölçülmesinde işletme sahiplerinin çobanlarının bilgisine olan güveni Grafik 6'da gösterilmiştir.

Grafik 6: KOP Bölgesi Çobanınızın Bilgisine Güven

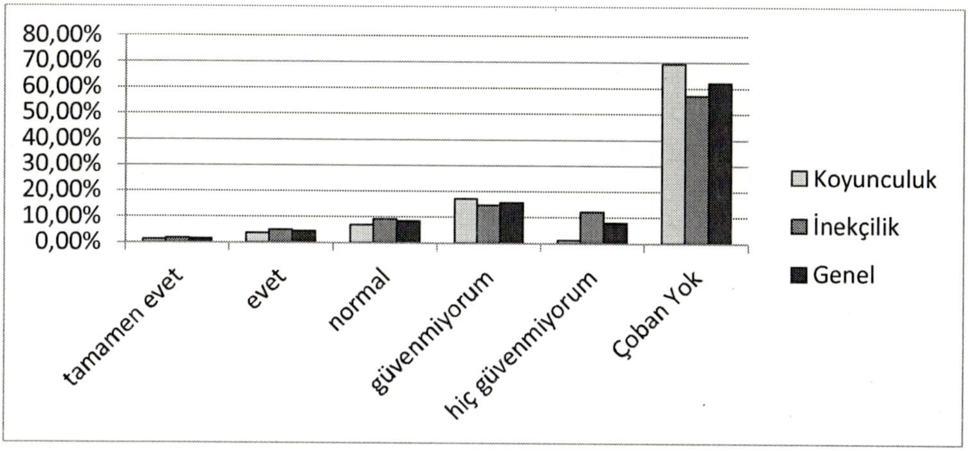

Kaynak: Yalçınkaya, 2016

Eğer işletmede çoban bulunuyorsa çalışan çobanların bilgi seviyesine olan güven oldukça düşük seviyededir. İşletme sahibinin çobanların bilgi seviyesine olan güvenindeki bu düşüklük hayvancılık faaliyetlerinin üzerindeki insan kaynaklı risklerin ne kadar büyük sevilerde olduğunu ortaya çıkarmaktadır. Grafik 7'de ise hayvan ölümlerinden kişi olarak kimin sorumlu olduğu sorusuna cevap aranmaktadır.

Grafik 7: KOP Bölgesinde Hayvan Ölümlerinden Kim Sorumludur?

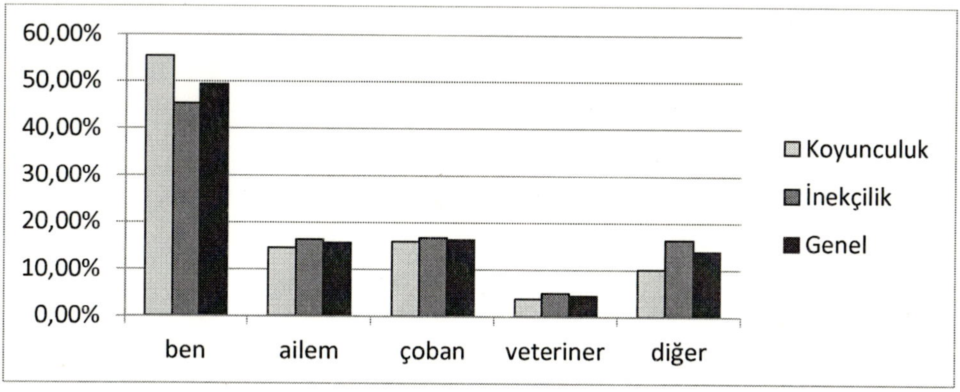

Kaynak: Yalçınkaya, 2016

Hayvan işletmelerinin istihdam yapısına bağlı olarak hayvan ölümlerinin sorumluluğunu beklendiği gibi daha çok işletme sahipleri almaktadır. Ayrıca işletme sahibini aile fertlerinin ölümlerde sorumlu tutulması önemli diğer bir göstergedir. Ancak %5 gibi düşük bir seviyede de olsa hayvan ölümlerinden veterinerlerin sorumlu tutulması araştırılması gereken önemli bir konudur.

Hayvancılık faaliyetlerinin önemli bir üretim faktörü olan emeğin kaynağında ortaya çıkan bu risk seviyesi, üzerinde durulması gereken önemli bir konudur. Yeterli bilgisi olmayan işletme sahipleri ve çalışanlar, işletmenin önemli bir amacı olan devamlılığı tehlikeye sokmaktadır. Hayvancılık faaliyetinde başarılı olamayan kişiler hayvancılık piyasasında farklı açıdan volatiliteye neden olabileceklerdir. Hayvancılık gelirlerinin yüksek olduğu dönemde konu hakkında bilgi sahibi olmayan kişilerin piyasaya girmesi ile hayvancılık girdi ve çıktı fiyatlarında volatilite artabilecektir. Bu durumda hayvancılık faaliyetinde bulunan diğer işletmeleri olumsuz etkileyecektir. Bu durumun önlenmesi için hayvancılık faaliyetinin diğer meslek gruplarında olduğu gibi hayvancılığın hem teknik hem de ekonomik faaliyet olduğu kabul edilmeli ve hayvancılık yapacak kişilerin bu mesleği yapabileceklerine dair belgelerinin olması gerekmektedir. Bu belgelerin alımından önce de çeşitli kanallardan gerekli eğitimlerin alınması zorunlu tutulmalıdır.

3.4.3. Hayvancılık Faaliyetlerinde Pazar ve Fiyat Riskleri

Hayvancılık faaliyetlerinin çalışma sermayesini etkileyen en önemli unsur girdi ve çıktı fiyatlarında yaşanan değişkenliklerdir. Fiyatlarda yaşanan bu volatilatif hareketler, işletme sahiplerinin kısa ve uzun dönemde finansal planlar yapmasını zorlaştırmaktadır. Fiyat hareketlerinde temel olarak girdi fiyatlarındaki değişkenlik üretim maliyetlerini etkilemekte, hayvansal ürünlerindeki fiyat hareket gelirlerini de etkilemektedir. Bu iki farklı yapıda oluşan risklerin ayrı ayrı incelenmesi gerekmektedir.

Hayvancılık işletmelerinin maliyetleri içerisinde daha önce yapılan çalışmalardan ve KOP bölgesinde yapılan araştırmadan da anlaşılacağı gibi yem fiyatları ve damızlık hayvan fiyatları en önemli iki unsur olarak karşımıza çıkmaktadır. Tablo 23'te KOP bölgesi hayvancılık işletmelerinin maliyet kalemleri önemlilik dereceleri sunulmuştur.

Tablo 23: KOP Bölgesi Hayvancılık Maliyet Önemlilik Algısı

Maliyet Türleri		Gözlem	Ortalama	Std. Sapma	Değişim Katsayısı (Std. Sapma / Ortalama)
Yem fiyatları	Genel	395	6,21	2,24	0,36
	İnekçilik	279	6,41	2,14	0,33
	Koyunculuk	170	6,02	2,27	0,38
Çoban ücreti	Genel	395	2,65	2,25	0,85
	İnekçilik	279	2,83	2,3	0,81
	Koyunculuk	170	2,32	2	0,86
Veteriner ücreti	Genel	395	4,22	2,04	0,48
	İnekçilik	279	4,54	2,03	0,45
	Koyunculuk	170	3,75	2,03	0,54
İlaç fiyatları	Genel	395	5,79	1,83	0,32
	İnekçilik	279	5,88	1,91	0,33
	Koyunculuk	170	5,71	1,76	0,31
Ahır giderleri	Genel	395	3,32	2,06	0,62
	İnekçilik	279	3,59	2,15	0,6
	Koyunculuk	170	2,89	1,87	0,65
Ölümler	Genel	395	3,78	2,34	0,62
	İnekçilik	279	3,97	2,47	0,62
	Koyunculuk	170	3,59	2,23	0,62
Damızlık fiyatları	Genel	395	5,54	2,39	0,43
	İnekçilik	279	5,75	2,38	0,41
	Koyunculuk	170	5,39	2,27	0,42
Banka kredileri	Genel	395	3,67	2,87	0,78
	İnekçilik	279	3,96	2,94	0,74
	Koyunculuk	170	3,11	2,55	0,82

Kaynak: Yalçınkaya, 2016; 9

Yapılan araştırmada bölge işletmeleri açısından en önemli maliyet kaynağı yem fiyatlarıdır. İkinci sırada ise damızlık hayvan fiyatları gelmektedir. Bu iki maliyet unsuru dışında ilaç ve veteriner ücretleri de işletme sahipleri tarafından oldukça önemli görülmektedir.

Hayvancılık işletmeleri birçok ürünü yem olarak kullanmalarına karşın yemler temelde kaba yem ve kesif yem olarak ikiye ayrılmaktadır. Halk arasında hazır yem, fenni yem, sanayi yemi, fabrika yemi veya karma yem olarak bilinen kesif yem, sindirilebilir besin maddelerince zengin, ham selüloz bakımından fakir, birden fazla hammaddenin belirli oranlarda karıştırılmasıyla sanayi işletmeleri tarafından üretilen yemlerdir (Anonim, 2013, s. 5). Doğal halde % 14'ten daha fazla su içeriğine ya da kuru maddede % 16'dan daha yüksek ham selüloz içeriğine sahip ve sindirilebilir organik maddeler ve enerji değeri bakımından düşük olan her tür materyal kaba yem olarak tanımlanmaktadır (Akyıldız, 1983: Kılıç, 2000: Alçiçek vd., 2010; 5). Grafik 8 ve Grafik 9'da kaba ve kesif yem fiyatlarının zaman içerisindeki değişimi gösterilmektedir.

Grafik 8: Kaba Yem Fiyatları (1000kg x TL)

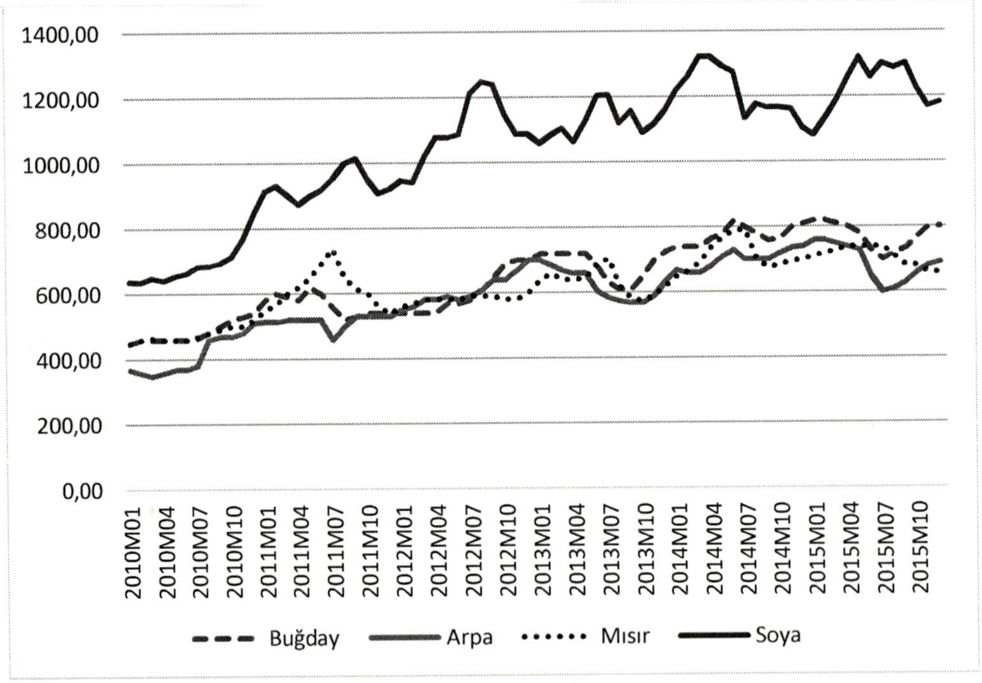

Kaynak: (TÜİK,2016)

Soya dışındaki diğer kaba yemlerin fiyatları birbirine yakın ve benzer hareket ederken soya fiyatları oldukça dalgalı ve yüksek hareket etmektedir. Bunun nedeni olarak soya bitkisinin ülkemizde yeteri kadar üretilmeyip ithal edilmesi gösterilebilir. Soya fiyatlarındaki bu dalgalanma soya üzerindeki kur riskine bağlı olarak açıklanabilir.

Grafik 9: Kesif Yem Fiyatları (TL x 1000kg)

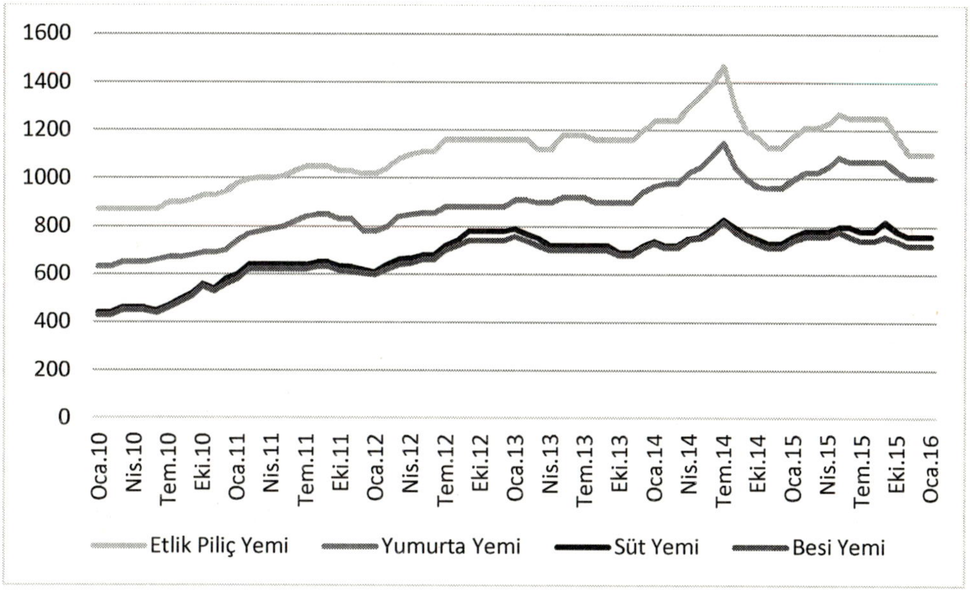

Kaynak: TÜİK, 2016

Kesif yem fiyatlarında diğer kaba yem fiyatlarında olduğu gibi sürekli artan bir fiyat grafiği mevcuttur. Kümes hayvanlarının kesif yemleri büyük ve küçükbaş hayvanların kesif yemlerinden oldukça yukarıdadır.

Kesif yem fiyatlarını etkileyen unsurların tespiti amacı ile yapılan çalışmada kesif yem fiyatları, kesif yem üretiminde kullanılan girdi fiyatları, enflasyon ve yabancı kurlar değişken olarak tanımlanmıştır. Bu değişkenler üzerinde Granger Nedensellik Analizi yapılmış ve analiz sonucunda kesif yem fiyatlarını doğrudan etkileyen unsurların enflasyon, arpa ve soya fiyatları olduğu tespit edilmiştir (Yalçınkaya, 2016; 20). Bu tespite göre hayvancılık işletmelerinin yem fiyatlarına bağlı olarak önemli derecede enflasyon riskine maruz kaldıkları anlaşılmaktadır. Ayrıca soya fiyatlarının yem fiyatları üzerinde etkisinin olması ve bu ürünün çoğunlukla ithal edilmesinden dolayı hayvancılık işletmeleri döviz kur riskine de maruz kalmaktadır.

KOP bölgesi araştırmasında hayvancılık işletme sahiplerinin damızlık hayvan fiyat risklerine verdiği cevaplar Grafik 10'da gösterilmiştir.

Grafik 10: KOP Bölgesi Damızlık Hayvan Fiyat Hareketliliği

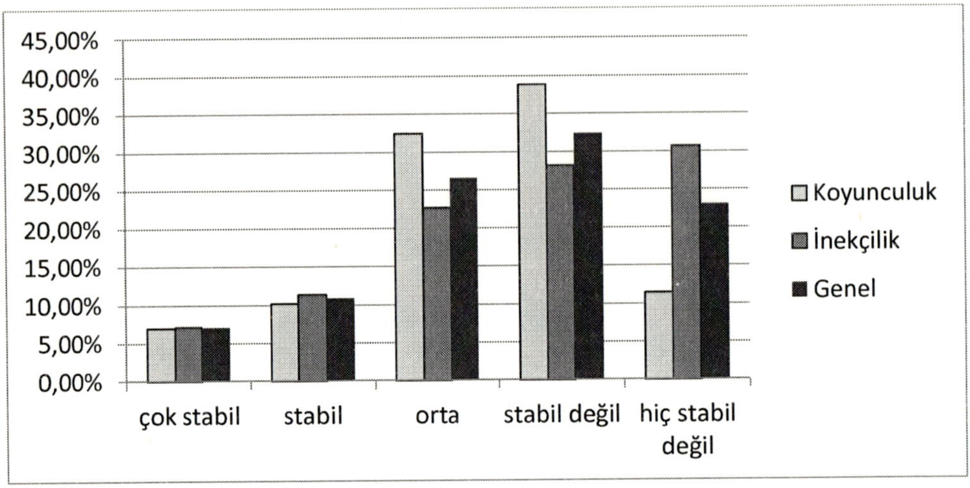

Kaynak: Yalçınkaya, 2016

Araştırmaya katılan hayvancılık işletme sahiplerinin büyük kısmı damızlık hayvan fiyatlarının stabil olmadığını ifade etmişlerdir. Özellikle ilk kuruluş aşamasında önemli bir yer tutan damızlık hayvan fiyatlarındaki volatilite yeni hayvancılık işletmelerinin kuruluşunda önemli bir sorun olarak karşımıza çıkmaktadır.

Hayvancılık faaliyetleri girdi fiyatlarındaki belirtilen duruma karşılık işletmelerin en önemli çıktıları olan et ve süt fiyatlarının yapısı da önemlidir. Büyükbaş hayvancılık yapan işletmelerin en önemli ürünü süttür ve işletmeler için süt fiyatlarındaki en küçük değişikliler dahi işletmenin devamlılığı için büyük önem taşımaktadır. Tablo 24'te görüldüğü gibi Türkiye dünyada süt üretiminde önemli bir ağılığa sahiptir.

Tablo 24: Dünyada ve Türkiye'de Süt Üretimi

SÜT ÜRETİMİ (Milyon Ton)		
	DÜNYA	TÜRKİYE
2000	580	9,7
2005	655	11,1
2007	685	12,3
2008	700	12,2
2009	716	12,5
2010	732	13,6
2011	753	15,05
2012	770	17,4
2013	782	18,2
2014	812	18,5
2015	818	18,6

Kaynak: Ulusal Süt Konseyi, 2017

Dünyadaki süt üretim artışı daha stabil bir yapıya sahipken Türkiye süt üretimini çok daha hızlı bir şekilde arttırmaktadır. Bu durum Türkiye'deki hayvancılık işletmelerinin süt üretiminde diğer ülkelere göre daha fazla motivasyona sahip olduklarını göstermektedir. Elbette Türkiye hayvancılık sektörü için bu durum oldukça sevindiricidir. 2011 yılından itibaren Türkiye'de süt fiyatlarının belirlenmesinde Ulusal Süt Konseyi en yetkili organdır. Piyasa şartlarına göre farklı süt fiyatları oluşabilmesine rağmen süt piyasası büyük oranda Ulusal Süt Konseyi'nin fiyatlarını benimsemektedir. Tablo 25'te Ulusal Süt Konseyi'nin belirlediği fiyatlar gösterilmiştir.

Tablo 25: Ulusal Süt Konseyi'nin Belirlediği Süt Fiyatları

Dönemler – 2017	**Fiyat (TL/Litre)**
1 Ocak – 31 Temmuz	1,21
1 Ağustos – 30 Eylül	1,3
1 Ekim – 31 Aralık	1,4
Dönemler – 2016	**Fiyat (TL/Litre)**
1 Ocak – 30 Eylül	1,15
1 Ekim – 31 Aralık	1,15
Dönemler – 2015	**Fiyat (TL/Litre)**
1 Ocak – 30 Haziran	1,15
1 Temmuz – 31 Aralık	1,15
Dönemler – 2014	**Fiyat (TL/Litre)**
1 Ocak – 31 Ocak	1
1 Şubat -30 Haziran	1,05
1 Temmuz – 31 Aralık	1,15
Dönemler – 2013	**Fiyat (TL/Litre)**
Ocak – Şubat – Mart	0,9
1 Ağustos – 31 Aralık	1
Dönemler – 2012	**Fiyat (TL/Litre)**
Ocak – Şubat – Mart – Nisan Mayıs – Haziran	0,8
Temmuz – Ağustos – Eylül	0,8
Ekim – Kasım – Aralık	0,90

Kaynak: Ulusal Süt Konseyi, 2017

Tablo 25'te görüldüğü gibi süt satış fiyatları yem fiyatlarına göre oldukça stabil bir yapıya sahiptir. Yem ve süt fiyatları arasında yapılan Granger Nedensellik Analiz sonuçlarında ise süt fiyatları kesif yem fiyatlarının nedeni iken, kesif yem fiyatları ise süt fiyatlarının nedeni değildir (Yalçınkaya, 2016; 19). Bu tespite bağlı olarak Türkiye'de süt fiyatlarındaki yükselme doğrudan yem fiyatlarına yansımaktadır ve hayvancılık işletmesi süt fiyatlarındaki iyileştirmeden tam olarak yararlanamamaktadır.

Hayvancılık işletmelerin bir diğer gelir kaynağı olan et fiyatlarında ise üretimin talebe yetişememesi bu fiyatlarda sürekli artışların gözlemlenmesine neden olmaktadır. Grafik 11'de et fiyatlarının özellikle perakende kıyma fiyatlarının daha fazla artış eğiliminde olduğu, canlı hayvan fiyatlarının ise daha stabil olduğu görülmektedir.

Grafik 11: Türkiye'de Kırmızı Et Fiyatları

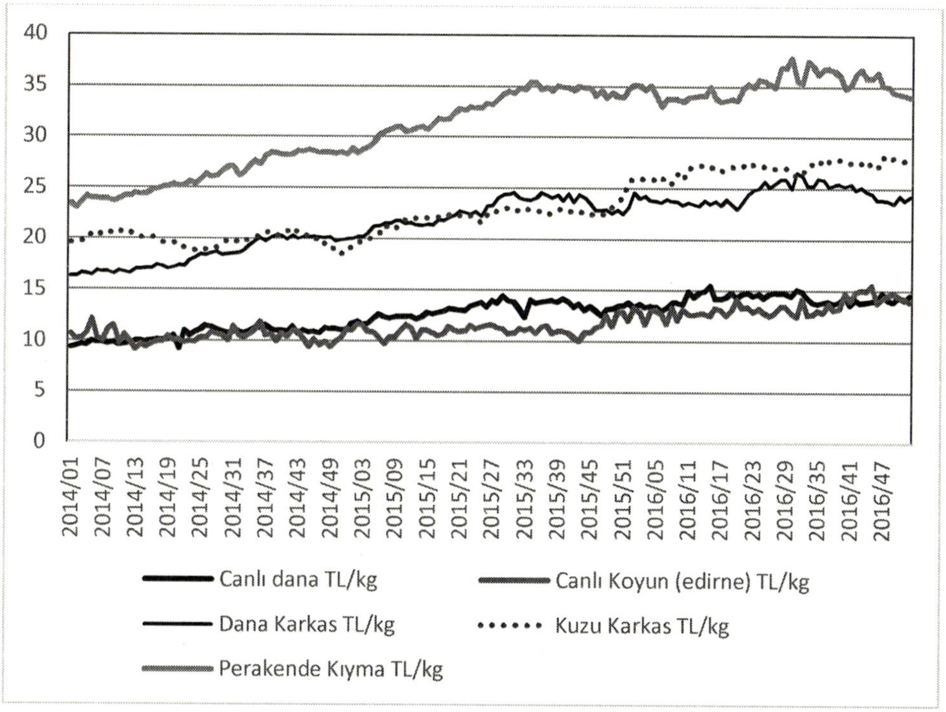

Kaynak: (Ankara Et Borsası, Ulusal Et ve Süt Kurumu, 2017)

Grafik 11 üzerinden elde edilen bilgilere göre tüketici tarafından gelen talep etkisi doğrudan üreticiye yansımamaktadır. Üretici ve tüketici arasındaki bu finansal kopukluk aracı firmaların elde ettiği ek gelir olarak yine aracılara yansımaktadır. KOP bölgesi hayvancılık işletmeleri üzerine yapılan çalışmada Grafik 12'de gösterildiği gibi çiftçiler hayvanlarını canlı olarak satmaktadır.

Grafik 12: KOP Bölgesinde Hayvanların Satış Türü

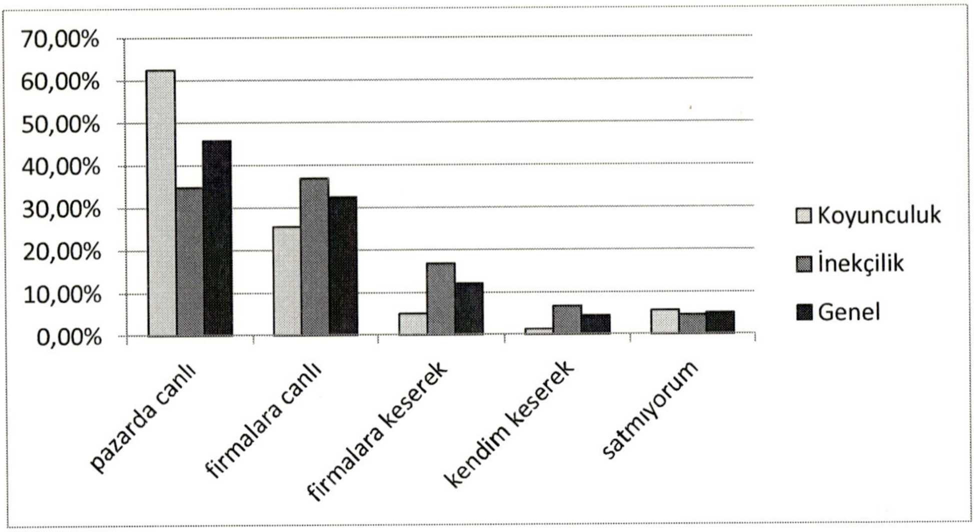

Kaynak: Yalçınkaya, 2016

Hayvancılık yapan işletmeler, ekonomik büyüklüklerinin yetersizliğine bağlı olarak ürettikleri hayvanı et ürününe dönüştüremeden aracılara satmak zorunda kalmaktadır. Buna bağlı olarak hayvancılık yapan kişinin kar oranı düşerken, tüketiciler de eti daha yüksek fiyata satın almaktadırlar. Bu olumsuz durumun değişmesi ancak hayvancılık işletmelerinin daha profesyonelce yönetilmesi ile mümkündür. Ancak hayvancılık işletmelerinin yüksek derecede organize olmaları işletme ölçeklerine bağlıdır. Küçük ölçekli aile işletmelerinin diğer işletmecilik fonksiyonlarını yönetmesi kolay olmayacaktır. İşletmelerin kendi ölçeklerini hızlı bir şekilde büyütmelerini beklemekte gerçekçi bir düşünce değildir.

Yapılan bu tespitlere bağlı olarak hayvancılık işletmelerinin uygun bir yasal zeminde birleşmeleri ya da ortak hareket etmeleri gerekmektedir. Türkiye'de çiftçilerin ortak hareket etmeleri için birçok üretici kooperatifleri ve birlikleri kurulmuştur. Ancak bu tüzel kişiliklerin özellikle kırmızı et fiyatları üzerinde etkileri görülememektedir.

Türkiye'de kırmızı et üretiminin en büyük kaynağı Tablo 26'da gösterildiği gibi %95'lik oranla büyükbaş hayvanlardan temin edilmektedir

Tablo 26: Üçer Aylık Kırmızı Et Üretim Miktarı

Dönem	Koyun Eti Tüm Türkiye'de Üretim (kg)	Dana Eti Tüm Türkiye'de Üretim (kg)	Toplam Kırmızı Et Üretimi (kg)	Koyun Eti Üretimi/ Toplam Et (%)	Dana Eti Üretimi/ Toplam Kırmızı Et Üretimi (%)
2010/Q1	27306000	125145000	152451000	17,91%	82,09%
2010/Q2	26042000	144121000	170163000	15,30%	84,70%
2010/Q3	28940000	138983000	167923000	17,23%	82,77%
2010/Q4	53400000	210334000	263734000	20,25%	79,75%
2011/Q1	19856000	133724000	153580000	12,93%	87,07%
2011/Q2	23959000	144153000	168112000	14,25%	85,75%
2011/Q3	23491000	144970000	168461000	13,94%	86,06%
2011/Q4	39770000	222059000	261829000	15,19%	84,81%
2012/Q1	17330000	149722000	167052000	10,37%	89,63%
2012/Q2	20114000	159320000	179434000	11,21%	88,79%
2012/Q3	20987000	173202000	194189000	10,81%	89,19%
2012/Q4	38903000	317100000	356003000	10,93%	89,07%
2013/Q1	19930000	180764000	200694000	9,93%	90,07%
2013/Q2	21959000	187587000	209546000	10,48%	89,52%
2013/Q3	26396000	177757000	204153000	12,93%	87,07%
2013/Q4	34658000	323184000	357842000	9,69%	90,31%
2014/Q1	17370000	163913000	181283000	9,58%	90,42%
2014/Q2	23451000	189848000	213299000	10,99%	89,01%
2014/Q3	21631000	175353000	196984000	10,98%	89,02%
2014/Q4	36525000	352886000	389411000	9,38%	90,62%
2015/Q1	18090000	184511000	202601000	8,93%	91,07%
2015/Q2	24653000	229549000	254202000	9,70%	90,30%
2015/Q3	27499000	342190000	369689000	7,44%	92,56%
2015/Q4	29779000	258675000	288454000	10,32%	89,68%
2016/Q1	20747000	207698000	228445000	9,08%	90,92%
2016/Q2	22745000	242772000	265517000	8,57%	91,43%
2016/Q3	23519000	359727000	383246000	6,14%	93,86%
2016/Q4	15474000	248999000	264473000	5,85%	94,15%

Kaynak: TÜİK, Ankara Et Borsası; 2017

Türkiye'deki kırmızı et piyasasında oluşan bu durum oldukça dengesiz ve büyük tehlikeler ortaya çıkarmaktadır. Türkiye'de büyükbaş hayvanların beslenmesinde mera kullanım oranı çok düşük olduğu için hayvanlar çoğunlukla kesif ve kaba yem ile beslenmektedirler. Daha önceki bölümde anlatıldığı gibi bu yemler değişken maliyet unsuruna sahip oldukları ve et üretim maliyetinin çok büyük bir kısmını oluşturdukları için hayvan sayısına bağlı olarak birim toplam maliyetlerde değişim olmayacaktır. Yani hayvancılıkta arz kaynaklarının arttırılması kırmızı et fiyatlarını düşürmeyecektir. Küçükbaş hayvancılıkta daha çok mera kullanıldığından dolayı mera beslenmesinde en önemli unsur çoban ücreti olarak karşımıza çıkacaktır. Çoban ücretinin sabit maliyet olmasından dolayı hayvan sayısı arttırıldıkça birim toplam maliyetler düşürülebilecektir. Anacak Tablo 26'da görüldüğü gibi Türkiye'de küçükbaştan elde edilen kırmızı etin toplam kırmızı ete oranı sürekli olarak düşmektedir.

3.4.5. Hayvancılık Faaliyetlerinde Finansal Riskler

Hayvancılık faaliyetleri tarımsal üretim faaliyetlerinin bir alt kolu olmasına bağlı olarak, hayvancılık finansmanı konuları ile tarım finansmanı konuları birbirine benzemektedir. Tarım finansmanında yaşanan problemlerin çözümü amacı ile T.C. Gıda Tarım ve Hayvancılık Bakanlığı tarafından Kasım 2017'de Tarım Finansmanı Zirvesi gerçekleştirilmiştir. Bu zirvede katılımcılar tarafından tarım finansmanı konusundaki ana başlıkları aşağıdaki gibi belirlemişlerdir:

TARIMSAL FİNANSMAN VE GELECEĞİ

Tarımsal Finansman Sistemi

Tarımsal Finansmana Yönelik Kurumsal Çalışmalar ve İşbirliği Modelleri

Tarımsal Finansman Piyasası ve Gelişmeler

Tarımsal Finansmanın Geleceğine İlişkin Çeşitli Konu Alanları ve Yönelimler

(Kredi Konuları ve Alanları, Teminatlar ve Çeşitlendirilmesi, Taşınır Taşınmaz Rehini, İpotek Koyma Oranları vb.)

(Tarımın Finansmanına Yönelik Model Önerileri (Sözleşmeli üretim, Lisanslı Depoculuk, Pazarlama ve Dış Ticaret Boyutu, Eximbank kredileri,

(Sürdürülebilir Çevre, Sürdürülebilir Enerji, Yeşil Ekonomi, Geleneksel (Üretim Modelinin Finansmanı, Akıllı Tarım Sistemleri, Güvenilir Gıdayı Temin İçin Finansman, vb.)

(Alternatif Finansman Teknikleri (Finansal Kiralama (Leasing), Faktöring, Forfaiting uygulamaları) ve Tarım Sektörünün Finansmanına Yönlendirilmesi

TARIMSAL FİNANSMAN KAYNAKLARI VE GELİŞTİRMESİ

Tarım İşletmelerinin Finansmana Erişimi

Tarım İşletmelerinin Kredi Bilgi Kaynakları ve Geliştirilmesi

Tarımsal Finansman Pazarlaması

Tarımın Finansmanında Kamu Bankacılığı Uygulamaları

Tarımın Finansmanında Özel Bankacılık ve Uygulamaları

Kamu, Özel ve Üretici Örgütleri -Tarımsal Finansman Modelleri

Tarımın Finansmanında Katılım Bankacılığı ve Uygulamaları

TARIMSAL FİNANSMAN VE SİGORTA

Kurumsal Çerçevede Tarım Sigortaları (TARSİM ve Diğer Özel Tarım Sigortaları)

Tarımsal Riskler ve Önleme Yolları

Tarımsal Risk Konusunda Bilgi Kaynakları

Tarımsal Sigorta Uygulamaları

Tarımsal Finansman-Sigorta İlişkileri

Kredi Garanti Fonu

Tarım Finansmanı Zirvesi'nde oluşan bu başlıklara göre tarım finansmanında, dolaylı olarak hayvancılık finansmanındaki üç temel konu belirlenmiştir. Bunlar kısaca özetlenecek olursa; tarım finansmanında çalışma sermayesi ve devamlılık sorunu, tarım finansmanı için gerekli fonların temini ve tarımsal faaliyetlerdeki risklerin yönetimidir.

Hayvancılık finansmanında ilk olarak yaşanan sorun işletmelerin finansal yapılarından kaynaklanmaktadır. Hayvancılık işletmelerinin sermaye yapısı içinde en büyük kısmı öz kaynaklar oluşturmaktadır. İşletme sahipleri çeşitli gerekçelerle yabancı kaynak kullanımından çekinmektedirler. Bu yapı KOP bölgesi hayvancılık işletmeleri için de benzerlik göstermektedir. Grafik 13'te gösterildiği gibi işletmelerin sermaye yapısının büyük kısmını öz kaynaklar oluşturmaktadır.

Grafik 13: KOP Bölgesi Hayvancılık İşletmelerinin Sermaye Yapısı

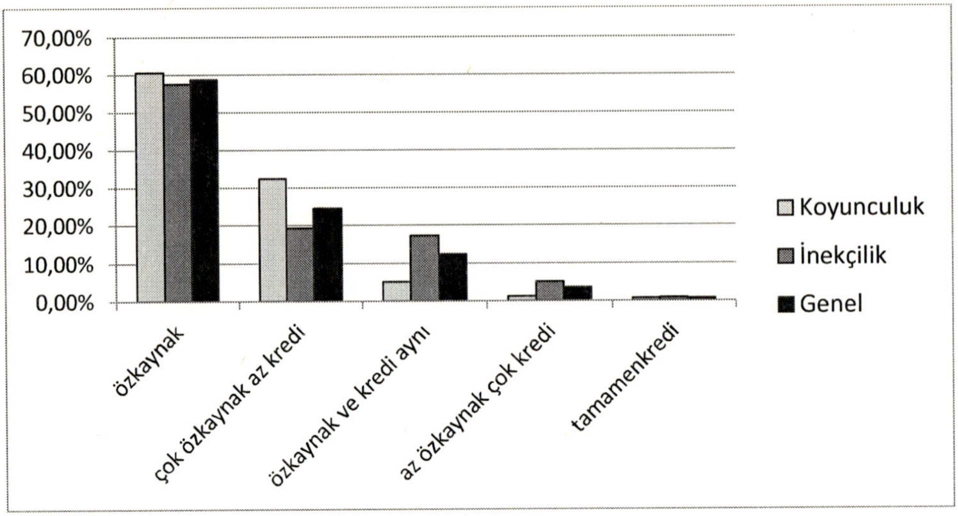

Kaynak: Yalçınkaya, 2016

Araştırmaya konu olan hayvancılık işletmelerinde yabancı kaynak kullanımı oldukça sınırlı kalmaktadır. Yabancı kaynak kullanımında ise işletme sahipleri finansal kuruluşlardan fon temin etmekte çekimser kalmaktadırlar. Grafik 14'te görüldüğü gibi elde edilen yabancı kaynakların çok büyük bir kısmı finansal kurumların dışındaki unsurlardan temin edilmektedir.

Grafik 14: KOP Bölgesi Hayvancılık İşletmelerinin Yabancı Fon Kaynakları

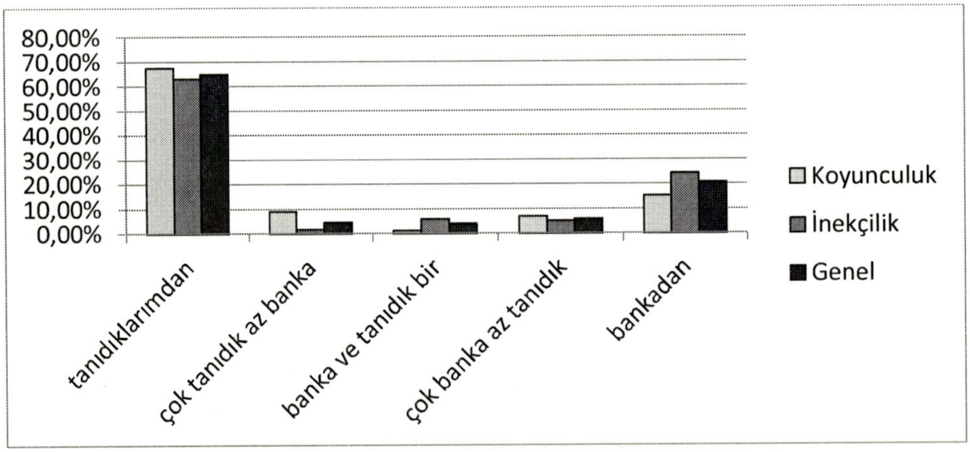

Kaynak: Yalçınkaya, 2016

Elde edilen yabancı kaynakların büyük kısmı tanıdıklardan temin edilmektedir ve bunun sebebi olarak hayvancılık faaliyetinde bulunan kişilerin sosyal yapıları olduğu düşünülmektedir. Özellikle hayvancılık yapan işletme sahiplerinin finansal okur-yazarlığının arttırılması gerekliliği gerçekleştirilen tarım finansmanı zirvesinde üzerinde çok durulan konulardan birisi olmuştur. Hayvancılık yapan kişilerin finansal yönetim konusunda alacakları eğitim ile hayvancılık işletmelerinin daha efektif finansal yapılara kavuşacağı düşünülmektedir. Çünkü öz kaynağın aşırı kullanılması ile işletme finansal kaldıraç etkisinden mahrum kalmakta ve firma değerini maksimize edecek fırsatları değerlendirememektedir. Ayrıca hayvancılık işletmelerinin inançları gereği olarak da finansal kuruluşlardan uzak durabilmektedirler. Bu yapıya bağlı olarak İslami Bankacılık yapısının hayvancılık finansmanı üzerine özellikle yoğunlaşması ile hayvancılık sektörünün istenilen büyüklüğe ulaşması sağlanabilir.

Hayvancılık finansmanında oluşan diğer bir risk grubu ise çalışma sermayesi unsurları üzerinden hayvancılık işletmelerinin maruz kaldıkları risklerdir. Çalışma sermayesinin yapısı daha önceki bölümlerde anlatıldığı gibi işletmeye nakit girişi sağlayan unsurlarla, işletmeden nakit çıkışı sağlayan unsurlardan oluşmaktadır. Nakit girdileri ile çıktıları arasında miktar olarak farklılıklar ortaya çıkmaktadır. Bu nakit giriş ve çıkışları arasında zamansal olarak da farklılıklar ortaya çıkmaktadır. Muhasebe kavramı açısından nakit girişleri ile çıkışları arasındaki zaman farkı önemli değildir. Ancak çalışma sermayesi yönetimi açısından oldukça önemlidir. Hayvancılık işletmelerinin nakit girişleri ile çıkışları arasında pozitif bir farkın oluşması ve aralarında zaman açısından bir uyumun bulunması gerekmektedir. Hayvancılık işletmelerinde süt üretimi yapan işletmeler açısından üretimin sürekliliğine bağlı olarak yaşanabilecek sorunlar fazla değildir. Ancak süt üretimi yapmadan sadece besicilik yapan işletmeler açısından üretim sürelerinin oldukça uzun olmasına bağlı olarak önemli derecede çalışma sermayesi sorunu yaşanabilmektedir. Çalışma sermayesi zamanlama sorunu sadece üretim sürelerinden kaynaklanmamaktadır. Vadeli satılan ürünün tahsilat sürelerindeki yaşanabilecek sorunlar da çalışma sermayesi yönetimini zorlaştırmaktadır. Grafik 15'te KOP bölgesi hayvancılık işletmelerinin satış vadeleri gösterilmektedir.

Grafik 15: KOP Bölgesi İşletmelerinin Hayvan Satış Vadesi

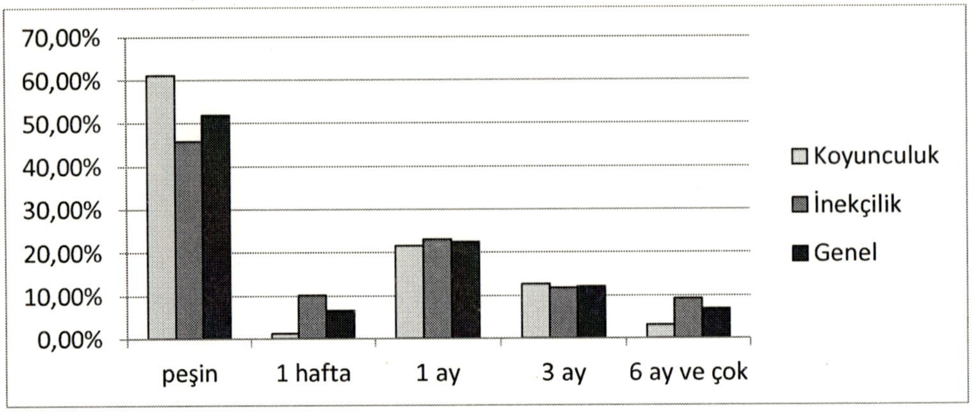

Kaynak: Yalçınkaya, 2016

Grafik 15'te bölge hayvancılık işletmelerinin çalışma sermayesi yönetimi açısından olumlu bir yapı ortaya çıkmaktadır. Satışların büyük bir kısmı nakit olarak gerçekleşmekte ve vadeli satışlarda ise çoğunlukla satış vadesi 1 ay olarak tespit edilmektedir. Bu tespitlere bağlı olarak hayvancılık işletmelerinin satış vadelerine bağlı çalışma sermayesi riskleri azalmaktadır. Grafik 16 ve Grafik 17'de vadeli satışlarda tahsilat sorununun varlığı araştırılmaktadır.

Grafik 16: KOP Bölgesi Hayvancılık İşletmelerinin Hayvan Satışında Tahsilat Sorunu

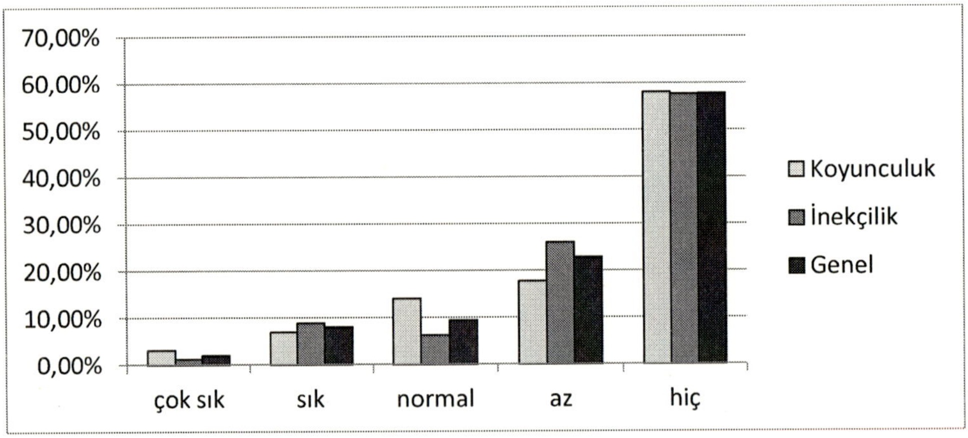

Kaynak: Yalçınkaya, 2016

Çalışma sermayesi yönetimi açısından oldukça önemli bir sorun olan tahsilat sorunu hayvan satışlarında büyük oranda yaşanmamaktadır. Hayvancılık işletmelerinin hayvan satışından doğan tahsilat sorununa bağlı finansal riskler düşük olarak kabul edilecektir. Süt satışında yaşanan tahsilat sorunları ise Grafik 17'de gösterilmiştir.

Grafik 17: KOP Bölgesi Hayvancılık İşletmelerinin Süt Satışında Tahsilat Sorunu

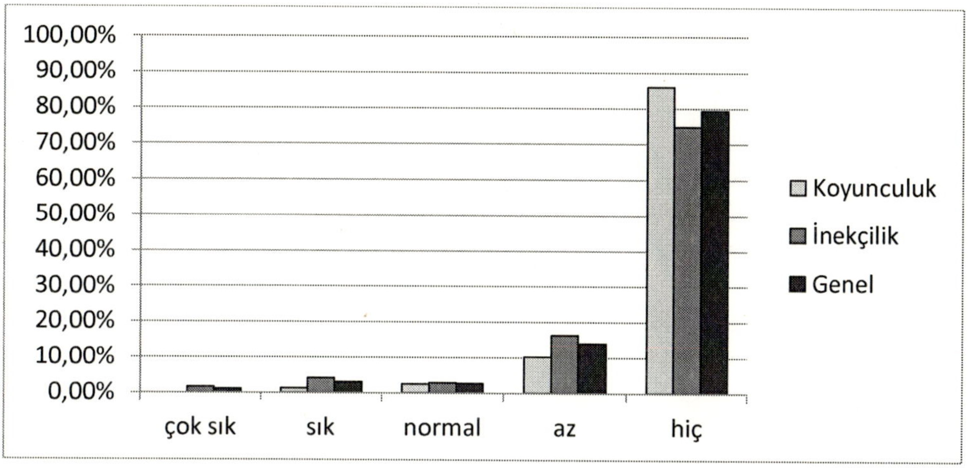

Kaynak: Yalçınkaya, 2016

Hayvancılık işletmelerinin süt satışından dolayı tahsilat sorunu neredeyse hiç oluşmamaktadır. Bu tespite bağlı olarak KOP bölgesinde ve Türkiye'de süt piyasası et piyasasına göre daha organize olmuş ve riskleri düşük olarak kabul edilmelidir.

Hayvancılık finansmanın üçüncü önemli konusu ise risklerin yönetimidir. Ancak hayvancılık faaliyetlerinde risk yönetimi belirtildiğinde daha çok doğal risklerden korunma anlaşılmaktadır. Gerçekte hayvancılık faaliyetlerinde riskler sadece doğadan kaynaklanmamaktadır. Doğa dışında çalışmada belirtildiği gibi insan kaynaklı riskler, pazar (piyasa) riskleri ve finansal riskler bir bütün olarak ele alınmalı ortak çözüm önerileri üretilmelidir.

SONUÇ

Hayvancılık faaliyetleri finansmanının hakkında yaşanan problemlerin tespiti ve problemlerin çözümü için öneriler oluşturmak için bu çalışma üç bölümden oluşmaktadır. Birinci bölümde genel finansal yönetim kavramı ve finansal yönetimde kullanılan araçların çok fazla detaya girilmeden açıklaması yapılmıştır. İkinci bölümde hayvancılık faaliyetleri finansmanının bir üst yapısı olan tarım finansmanı kavramı ve tarım finansmanının kendine özel konuları açıklanmıştır. Üçüncü bölümde ise ilik olarak hayvancılık finansmanı konuları açıklanmış ve küçük ve anlaşılır örneklerle finansal eğitim almamış kişilerin de anlayacağı bir yapı oluşturulmaya çalışılmıştır. Son kısımda ise özellikle KOP bölgesi hayvancılık işletmeleri üzerine yapılmış araştırma çalışmasından yararlanılarak, hayvancılık faaliyetlerinde karşılaşılan doğa, insan, pazar ve finansal riskler detaylıca incelenmiştir.

Birinci bölümün oluşturulmasındaki asıl amaç finansal yönetim bilgisi olmayan yada finansal yönetim bilgisi yeterli olmayan kişilere finansal yönetimin temel unsurlarını göstermek ve finansal karar süreçlerinin temel yapısını tanıtmaktır. Özellikle bir çok kişi tarafından önemsenmeyen yada yeteri kadar bilinmeyen paranın zaman değeri kavramı üzerinde durulmuştur. Çünkü bir çok kişi muhasebe temelli kar kavramını önemsemekte, dönem sonu kalanın pozitif olmasının yeterli olacağını düşünmektedir. Ancak paranın kendi üzerinde bulundurduğu risklere (özellikle enflasyon) bağlı olarak zaman içerisinde değeri değişiklik göstermektedir. Yıllık nakit akım tablolarının dönem sonu kalanı pozitif olması elbette olumlu bir durumdur. Ancak dönem içerisinde işletme nakit açığı ile karşı karşıya kalmış olabilir. Nakit açığının oluştuğu dönemde bu açık nasıl ortaya çıkmış, bu açığın kapatılması için nereden fon temin edilmiş ve temin edilen bu fonun maliyeti ne kadar olmuş sorularının cevaplandırılması hem finansal yönetim, hem de işletme ortakları açısından oldukça önemlidir.

Paranın zaman değeri kavramı çerçevesinde finansal analiz ve finansal planlama sistematiği küçük örnekler verilerek detaylandırılmaya çalışılmıştır. Özellikle finansal planlama araçlarının anlaşılması, ilk yatırım harcamaları çok yüksek olan hayvancılık faaliyetlerinin karar süreçlerinde kritik bir öneme sahiptir. Yatırım kararlarında yapılacak yanlışlıklar ilerleyen dönemlerde çözümlenemez sorunlara neden olacaktır. Finansal planlama aşamasında oldukça fazla veriye ihtiyaç vardır ve bu verilerin en önemli kaynağı muhasebe kayıtlarıdır. Türkiye'de hayvancılık işletmelerinin büyük bir kısmı küçük aile işletmesi olmasından dolayı ya tek taraflı basit muhasebe kaydı tutmakta, yada hiç muhasebe kaydı tutmamaktadır. Büyük ve kurumsal hayvancılık işletmeleri ise çift taraflı ve bilanço esasına göre muhasebe kaydı tutmaktadırlar. Ancak her iki işletme yapısında da diğer işletmelerin kullandığı kayıt yöntemleri yeterli olamamaktadır. Çünkü hayvancılık faaliyetlerinde duran varlık yapısı kolaylıkla dönen varlık yapısına dönüşebilmekte. Dönen varlıklar da kolayca duran varlık yapısına dönüşebilmektedir. Bu farklı yapının ortaya çıkmasının en önemli nedeni varlıkların canlı olmaları ve biyolojik sürece bağlı olarak farklı anlamlar taşımalarıdır. Tarım işletmelerinin bu farklı yapısına bağlı olarak geliştirilmiş kayıt tabloları ikinci bölümde sunulmuştur. Ayrıca çalışmanın üçüncü bölümünde birinci ve ikinci bölümde elde edilmiş bilgilere bağlı olarak, hayvancılık faaliyetlerinin finans yönetim temel unsurları ortaya konulmuştur. Hayvancılık faaliyetleri finansmanı için finansal analiz ve finansal planlama araçları hayvancılık sektörüne bağlı örneklerle açıklanmıştır.

Üçüncü bölümün ikinci kısmında ise finansal yönetimin özel bir alanı olan risk yönetimi hayvancılık faaliyetleri özelinde ele alınmıştır. Hayvancılık riskleri doğa, insan, pazar ve finansal riskler olarak dört bölümde incelenmiştir.

Hayvancılık faaliyetlerinde doğa kaynaklı riskler temelde iki bölümden oluşmaktadır. Birinci bölüm iklim riskleri olup, özellikle işletme sahiplerinin en çok çekindikleri riskin kuraklık riski olduğu tespit edilmiştir. Hayvancılık faaliyetlerinin en önemli maliyet yapısını oluşturan yemlerin temininde bitkisel üretim önemli bir yer tutmaktadır. Bitkisel üretimde yaşanabilecek sorunlar dolaylı olarak hayvancılık faaliyetlerine etki etmektedir. İklim riskleri içerisinde soğuk ve don olayları kuraklık riski kadar önemsenmemektedir.

Doğa kaynaklı risklerin ikinci kısmını ise biyolojik riskler oluşturmaktadır. Biyolojik risklerin içerisinde çeşitli hastalıklar yada doğum sırasında yaşanan sorunlara bağlı olarak hayvanların ölümü yada verimsiz olmalarıdır. Yapılan araştırmada hayvancılık faaliyetinde bulunan işletmelerin önemsediği en önemli ikinci risk, hastalıklar olarak tanımlanmıştır. Doğadan kaynaklanan risklerin yönetilmesi oldukça zordur. Özellikle iklime bağlı riskler karşısında işletmelerin alabilecekleri fazla bir önlem bulunmamaktadır. Biyolojik risklerin önlenmesi için ise çeşitli aşılama ve koruyucu veterinerlik hizmetleri ile en aza indirilmesi mümkündür. Ancak bu riskleri tamamen ortadan kaldırmak mümkün değildir. Doğa kaynaklı risklerin bu yapısına bağlı olarak işletmelerin alabileceği en iyi önlem, hayvanların ve işletmenin sigortalanmasıdır. Türkiye'de tarım sigortaları TARSİM adı verilen özel ve kamu sigorta şirketlerinin devlet desteği ile kurulmuş olan konsorsiyum aracılığı ile gerçekleşmektedir. TARSİM yapısına bağlı olarak çiftçiler doğa risklerinden korunmakta ve devlet ise gıda arz güvenliğini sağlamaktadır.

İnsan kaynaklı riskler, hayvancılık işletmesinde bulunan emek faktörleri tarafından kaynaklanan risklerdir. Hayvancılık işletmelerinde işletme sahibi, işletme sahibinin aile fertleri ve eğer varsa çobanlar bu riskin temel kaynaklarıdır. İşletmelerde insanlardan kaynaklanan risklerin temelinde ise bilgi ve tecrübe eksiliği bulunmaktadır. Yapılan çalışmada hayvancılık faaliyetinde bulunan kişilerin kendilerinde ve eğer varsa çobanlarında bilgi eksikliğinin farkındadırlar ve hayvan ölümlerinden sorumluluğu işletme sahipleri ilk olarak kendi üstlerine almakta yada eğer varsa çobanlara sorumluluk yüklemektedirler.

Ayrıca araştırma bölgesindeki hayvancılık işletmelerinin çoğu beslenmede mera kullanmadıkları için çoban da istihdam etmemektedirler. Buna bağlı olarak işletmelerin çoğunun emek sermayesi işletmecinin kendisinden yada aile fertlerinden oluşmaktadır. Bu emek unsurları doğal olarak yada sermaye kullanarak hayvancılık işletmesi sahibi olmaktadırlar. Hayvancılık işletmesi kurmak için yasal hiçbir kısıtlama bulunmamaktadır. Tecrübesiz kişiler tecrübe ve bilgi kazanıncaya kadar bir çok hata yapabilmekte ve bu hataları sonucunda çok kıymetli sermaye birikimlerin kaybolmasına, hayvancılık piyasasında volatilite oluşturarak diğer hayvancılık işletmelerinin çeşitli kayıplara uğramasına ve kamunun gıda arz yapısında bozulmalara neden olmaktan kamuya zarar verebileceklerdir. Hayvancılık piyasa yapısının sağlıklı bir şekilde devam etmesi için hayvancılık faaliyetinde bulunan ve bulunmak isteyen kişileri bir eğitim sonrası sertifikalaş yapısının olması gerekmektedir.

Hayvancılık işletmelerinin pazar (piyasa) yapısına bağlı riskleri işletmenin nakit girdisini ve çıktısını sağlayan unsurların üzerindeki fiyat volatilitesidir. Hayvancılık işletmelerinin en önemli nakit çıktısı kesif ve kaba yem alımlarından kaynaklanmaktadır. Bunun nedeni Türkiye'de hayvanların beslenmesinde meraların istenilen seviyede kullanılmamasıdır. Kaba ve kesif yemlerin değişken maliyet unsuru olmasına bağlı olarak işletmedeki hayvan sayısına bağlı olarak (üretim miktarının arttırılması) birim ürün üzerinde fazla bir değişiklik oluşturmamaktadır. Buna bağlı olarak ta hayvan sayısında değişiklik yapılarak birim maliyetlerin düşürülmesi de mümkün olmamaktadır.

Hayvancılık işletmelerinin en önemli nakit girdileri ise süt ve et (hayvan) satışından kaynaklanmaktadır. Türkiye'de süt fiyatları Ulusal Süt Konseyi tarafından belirlenmektedir. Süt konseyinin fiyatları sürekli değişkenlik gösteren bir yapıya sahip değildir. Hatta bir yıldan daha uzun dönemlerde fiyat değişikliği yaşanmadığı durumlar da tespit edilmiştir. Bu tespitlere göre Ulusal Süt Konseyi fiyat oluşumları doğrudan piyasa unsurları tarafından şekillenmemekte, konseyin kendine özgü karar mekanizması tarafından oluştuğu söylenebilir. Kırmızı et piyasasında ise Ankara Ticaret Odası'nın bünyesinde oluşturulmuş et borsası oldukça esnek bir piyasa yapısına sahiptir. Ancak bu et borsasının işlem hacmi oldukça düşük seviyededir.

Süt fiyatlarında piyasa koşullarının tam olarak oluşmaması ve et piyasasında et borsasının tüm piyasaya etki edememesi ile üreticiler oldukça yoğun fiyat risklerine maruz kalmaktadırlar. Yapılan çalışmalarda kesif yem fiyatlarının süt fiyatlarını etkilemediği ve tam tersi olarak süt fiyatlarının yem fiyatlarını etkilemesi belirtilen risklerin bir göstergesidir. Süt fiyatlarında yaşanan fiyat artışları yem fiyatlarına doğrudan yansımakta ve hayvancılık yapanların karlılıklarının artması engellenmektedir. Kırmızı et fiyatlarında ise farklı bir risk ortaya çıkmaktadır. Canlı hayvan fiyatları oldukça durağan bir yapıya sahipken, tüketicinin satın aldığı et fiyatları oldukça dalgalı ve yüksek fiyat seviyelerindedir. Bunun nedeni üretici ile tüketici arasında ekonomik bir ilişkinin bulunmamasıdır. Üreticinin en yakın seviyeden ulaşması durumunda tüketici karlılığını arttırabilecek, tüketici ise daha ucuz bir şekilde et satın alabilecektir. Böyle bir yapının oluşabilmesi için üretici kooperatif ve birliklerinin daha etki olması gerekmektedir.

Hayvancılık faaliyetlerinde finansal riskler üç temel unsurdan oluşmaktadır. Birincisi işletmelerin sahip oldukları sermaye yapısındaki dengesizlik ve yetersizlikleridir. Hayvancılık işletmeleri sahipleri alışkanlıkları ve sosyal yapıları doğrultusunda yabancı kaynak kullanımını tercih etmemektedir. Hayvancılık işletmelerinin fon yapısı incelendiğinde çok büyük oranda öz kaynak kullanılmaktadır. Yabancı kaynak kullanımında ise ilk olarak yakın çevrede olan kişilere başvurulmaktadır. Bu tespite bağlı olarak hayvancılık işletmelerinin finansal kaldıraç etkisini kullanmamalarına bağlı olarak işletmelerinin sermaye kullanımında efektif olmadıkları önerilebilmektedir. Bu riskin ortadan kaldırılması için hayvancılık yapan kişilere finansal yönetim konusunda eğitim verilebilir. Ayrıca işletme sahiplerinin inançları doğrultusunda finansal kuruluşlarda uzak durabilmektedir. Hayvancılık sektörünün daha efektif çalışabilmesi için İslami Finans kuruluşlarının hayvancılık faaliyetlerine özgü fon kaynakları üretmeleri önerilebilir.

Konu ilgili olarak ikinci sıradaki finansal riskler hayvancılık işletmelerinin çalışma sermayesinde karşılaşacakları risklerdir. Süt üretimi yapan işletmelerde üretim yılın her döneminde gerçekleştiği, sütün pazarlanmasında sorun yaşanmadığı ve tahsilatta gecikmelerin yaşanmamasına bağlı olarak çalışma sermayesi riskleri büyük seviyelerde oluşmamaktadır. Ancak süt geliri olmayan hayvancılık işletmelerinde hayvanların satışa hazır oluncaya kadar geçen sürede çalışma sermayesine ihtiyaç duymaktadırlar. Elbette çalışma sermayesindeki bu artışa bağlı olarak işletmenin fon maliyetleri ve riskleri de artacaktır. Bu tür işletmelerin çalışma sermayesi risklerinden korunması için süt ve te üretiminin beraber olduğu bir hayvancılık portföyünün oluşturulması gerekmektedir. Bu şekilde oluşturulacak portföy yapısı ile hayvancılık işletmelerinin hem gelirleri arttırılabilir, hem de katlanılacak riskler de azaltılabilir.

Hayvancılık faaliyetlerinde üçüncü finansal risk sorunu ise hayvancılık işletmelerindeki risk yönetimidir. Hayvancılık işletmelerinin maruz kaldıkları risklerin ayrı ayrı ele almak yerine işletme bünyesinde bütünleşik bir risk yönetim sisteminin oluşturulması gerekmektedir. Bunun sağlanması için öncelikli olarak işletme sahiplerine konuya uygun eğitimlerin verilmesi ve TARSİM yapısı kişilere doğru anlatılarak özendirilmesi gerekmektedir.

KAYNAKÇA

Akdoğan, N., ve Sevilengül, O. (2000). Tekdüzen Muhasebe Sisteminde Maliyet Muhasebesi Uygulamaları. Gazi Kitabevi.

Aksoy, A. (1993). İşletme Sermayesi Yönetimi, Gazi Büro Kitabevi, Ankara. Business and Economics Research Journal.

Aksoy, A., ve Yalçıner, K. (2013). İşletme sermayesi yönetimi. Gazi Kitabevi.

Arslanbey, S. (2011). Bankacılık Sektörü Ve Tarım Kredileri: Türkiye'de Tarımın Finansmanı ve T.C. Ziraat Bankası Aş'nin Rolü. Balıkesir Üniversitesi, Sosyal Bilimler Enstitüsü Y. Lisans Tezi

Aslan, M. (2008) Çiftlik Muhasebe Veri Ağı (ÇMVA) Uygulamalarında Örneklem Seçimi ve Türkiye'deki Tarımsal Yapıda Uygulanabilirliği. T.C. Tarım ve Köyişleri Bakanlığı Dış İlişkiler ve Avrupa Birliği Koordinasyon Dairesi Başkanlığı Uzmanlık Tezi

Aydın, N., Başar, M., & Coşkun, M. (2007). Finansal Yönetim Gözden Geçirilmiş 2. Baskı Genç Copy. Eskişehir

Beddıngton John, v.d., (2011). The Future of FoodandFarming: Challengesand Choicesfor Global Sustainability, Final Project Report. Foresight. TheGovernment Office for Science, Londra

Bolgün, K. E., & Akçay, M. B. (2009). Risk yönetimi: gelişmekte olan Türk finans piyasasında entegre risk ölçüm ve yönetim uygulamaları. Scala Yayıncılık.

Ceylan, A., (2000). İşletmelerde Finansal Yönetim. Ekin Kitabevi.

Ceylan, A. ve Korkmaz, T (2000). Sermaye Piyasası, and Menkul Değer Analizi. Ekin Kitabevi. Ankara

Coşkun, M. (2008). Sermaye Piyasaları. Eskişehir: Genç Copy Center, 273.

Çelik, Y. (2014). Türkiye'de Tarım İşletmelerinde Farklı Muhasebe Sistemlerine Göre Masraf ve Gelir Hesaplama Yöntemleri. Turkish Journal of Agricultural Economics, 20 (1).

Çetin, B. (2014). Tarım Finansmanı. Nobel Yayın, Ankara

Çetin, B. ve Tipi, T. (2016). Tarım Muhasebesi (Uygulamalı Örneklerle). Nobel Yayın Dağıtım, Ankara.

Deloıtte, (2013).TheFood Value Chain A Challenge for TheNext Century, The Creative Studio at Deloitte, Londra

Erb, K. H.,v.d. (2012). The Impact of IndustrialGrain Fed LivestockProduction on Food Security: An Extended Literature Review, Final Report, Institute of SocialEcology, Alpen-Adria UniversityKlagenfurt – Vienna – Graz, Schottenfeldgasse 29, 1070 Vienna, Austria; February

Ercan, M. K. ve Ban, Ü. (2005). Degere Dayali Isletme Finansi-Finansal Yönetim, 2. Baski., Gazi Kitabevi, Ankara.

Ercan, M. K., Öztürk, M. B. ve Demirgüneş, K. (2003). Değere dayalı yönetim ve entellektüel sermaye. Gazi Kitabevi.

Gökdere, A. Y. (1983). Kontrollü Ziraî Kalkınma Kredileri. Anakara Üniversitesi Yayını, Ankara

Göktolga, G. ve Karkacıer, O. 1999. FADN (Tarım Muhasebesi Veri Ağı) ve Konunun Türkiye Açısından Değerlendirilmesi, G.O.Ü. Ziraat Fakültesi Dergisi, Cilt 16, Sayı 1, Yıl 1999, ISSN 1300 – 2910, Tokat.

Göktürk, İ.E. ve Yalçınkaya, H.S. (2017). Kazakistan ve Türkiye Hayvancılık Sektöründe Karşılaşılan Riskler: Tespit Ve Karşılaştırmalı Analizi. Journal of Socıal and Humanıtıes Scıences Research vol. 4/5 917-932

Gözener, B. ve Sayılı, M. (2015). Tokat İli Turhal İlçesinde Sığır Besiciliğinde Üretim Maliyeti ve Canlı Ağırlık Artışına Etki Eden Faktörler. Tarım Bilimleri Dergisi, 21(2), 288-299.

Huırne, R. (2002).“Strategy and Risk in Farming”,NJAS -Journal of The Royal Netherlands Society forAgricultural Sciences (KLV) Volume 50,Issue 2

İltir, C. (2014), Excelde Finans Uygulamalar. Seçkin Kitap Evi, Ankara

İnci, İ. (2010). Cumhuriyet Dönemi Türkiye'sinde Tarımsal Kredi Konusundaki Gelişmeler. SAÜ Fen-Edebiyat Dergisi vol 1

Kabukçu, A. (1986). Sığır Besiciliğinin Genel Karakterleri. Hayvancılık Sempozyumu, Cumhuriyet Üniversitesi Yayınları No:16, Emek Matbaası, 5-8 Mayıs, Tokat

Karan, B. M. (2001), Yatırım Analizi ve Portföy Yönetimi, Gazi Kitabevi, Ankara.

Metintaş, M. Y. ve Kayıran, M. (2016). 1929 Dünya Ekonomik Krizinin Türk Tarımına Etkileri ve 1931 Birinci Türkiye Ziraat Kongresi. Journal of Süleyman Demirel University Institute of Social Sciences Year,1(23).

Nazlı, C., 2006. Avrupa Birliği Tarım Muhasebesi Veri Ağı (FADN) Sistemi Çerçevesinde Türkiye'de Çiftçi Kayıt Sisteminin İncelenmesi, Yüksek Lisans Tezi, Ankara Üniversitesi Fen Bilimleri Enstitüsü, Ankara.

Okka, O. (2006). Finansal Yönetime Giriş, 2. Baskı, Nobel Yayın Dağıtım, Ankara, Şubat.

Okka, O. (2009). Analitik finansal yönetim: Teori ve problemler. Nobel Yayın Dağıtım.

Öztin, A. (1994). Finansal Yönetim. Muhasebe Enstitüsü ve Araştırma Vakfı Yayını, (17).

Parlakkaya, R., & Tunçez, H. A. (2011). TMS 41 Tarımsal Faaliyet Kapsamında Hayvancılık İş Letmelerinde Muhasebe Uygulaması. World of Accounting Science, 13(4).

Sakarya, E., Y. Cevger, Y. Aral. (2013), Hayvancılık Ekonomisi. Anadolu Üniversitesi Yayınları, Eskişehir

Sansoucy, R. (1995). Livestock - A Driving Force For Food Security and Sustainable Development, World AnimalReview No.84/85 pp.5-17"

Sever, E. ve Han V. (2015). Türkiye'de Reel Kesim ile Bankacılık Kesimi Arasındaki İlişkinin Analizi: Sektörel Bir Yaklaşım. Aksaray Üniversitesi İktisadi ve İdari Bilimler Fakültesi Dergisi, 7(2), 1-9.

Seyidoğlu, H. (2001). Uluslararası Finans, Güzem Yayınları İstanbul

Smith, K. V. (1979). Guide to working capital management. McGraw-Hill Companies.

Swanepoel, Frans vd. (2010). The Role of Livestock in Developing Communities: Enhancing Multifunctionality, The Technical Centre for Agricultural and Rural Cooperation, UFS and CTA, First Edition

Şahin, H. (2000). Yatırım projeleri analizi. Ezgi Kitabevi Yayınları.

Talim, M. (1973). Tarımsal Basit, Geliştirilmiş ve Yönetim Muhasebe Tekniğinin Mukayeseli Olarak Uygulanmasıyla İlgili Bir Araştırma. Ege Üniversitesi Matbaası.

Tezel, Y. S. (1994), Cumhuriyet Döneminin İktisadi Tarihi: 1923-1950, Üçüncü baskı, Tarih Vakfı Yurt Yayınları, İstanbul.

TMSK (2006) Türkiye Muhasebe Standartları Kurumu

Tokay, S. H. ve Deran, A. (2011). Tarım Sektöründe ve Tarım Sektörünün Önemli Bir Alt Dalı Olan Meyve Bahçesi İşletmelerinde Muhasebenin Gereği, Belge ve Defter Düzeni.

Tunçez, H. A. (2011). Tarımsal faaliyetlerin muhasebeleştirilmesinin Türkiye Muhasebe Standardı-41 çerçevesinde incelenmesi: Bir tarım işletmesinde örnek uygulama (Doktora Tezi, Selçuk Üniversitesi Sosyal Bilimler Enstitüsü).

TÜİK, (2008). 2006 Tarım İşletmeleri Araştırma Raporu

Üreten, A., & Ercan, M. K. (2000). Firma değerinin tespiti ve yönetimi. Gazi Kitabevi.

Van Horne, J. (1971), Financial Management and Policy, New Jersey: Prentice-Hall.

WORLD BANK (2009). Minding theStock: BringingPublicPolicy toBear on Livestock Sector Development. Report No. 44010-Glb. The World Bank, Washington D.C., USA.

"WU, G. vd. (2014) "Production and Supply of High-Quality Food Protein For Human Consumption: Sustainability, Challenges, and Innovations," Annals of The New York Academy of Sciences, 1321,pp. 1–19"

Yalçınkaya, H. S. (2016). Kop Bölgesi Hayvansal Üretimi Üzerindeki Risklerinin Tespiti Araştırma Raporu. Nevmettin Erbakan Üniversitesi BAP Koordinatörlüğü. Konya

Yalçınkaya, H. S. (2017). Kop Bölgesi Hayvansal Üretimi Üzerindeki Finansal ve Pazarlama Risklerinin Tespiti. Bilecik Şeyh Edebali Üniversitesi. Sosyal Bilimler Enstitüsü Dergisi. 2/1

AEB (2016): Ankara Et Borsası, https://www.ankaratb.org.tr

ESK (2016): Et ve Süt Kurumu, http://www.tkdk.gov.tr/

Eurostat (2017). Avrupa İstatistik Kurumu. http://ec.europa.eu/eurostat/statistics-explained/index.php/Glossary:European_size_unit_(ESU) (Erişim: 2017)

GTHB: Gıda, Tarım ve Hayvancılık Bakanlığı, www.tarim.gov.tr

Tarım Kanunu, http://www.resmigazete.gov.tr/eskiler/2006/04/20060425-1.htm

Tarımsal Finans Zirvesi (2017). http://tarimsalfinanszirvesi.tarim.gov.tr (Erişim: 2017)

TBB, Türkiye Bankalar Birliği, https://www.riskmerkezi.org/tr/istatistikler/23 (Erişim:2017)

TKDK (2017). Tarım ve Kırsal Kalkınmayı Destekleme Kurumu, http://www.tkdk.gov.tr/ (Erişim: 2017)

TÜİK (2008) Türkiye İstatistik Kurumu, https://biruni.tuik.gov.tr/yayin/views/visitorPages/index.zul (erişim 2016)

TÜİK (2017): www.tuik.gov.tr

USK (2017): Ulusal Süt Konseyi, http://www.ulusalsutkonseyi.org.tr/